언어라는 세계

언어라는 세계
우리가 모르는 우리말 이야기

지은이　　　석주연

1판 1쇄 펴냄 2022년 9월 16일
1판 3쇄 펴냄 2024년 6월 4일

펴낸곳　　　곰출판
출판신고　　2014년 10월 13일 제2024-000011호
전자우편　　book@gombooks.com
전화　　　　070-8285-5829
팩스　　　　02-6305-5829

종이　　　　영은페이퍼
인쇄·제본　미래상상

ISBN　　　979-11-89327-18-7 03700

※이 저서는 2017년 대한민국 교육부와 한국연구재단의 지원을 받아
수행된 연구입니다(NRF-2017SIA6A4A01022119).

언어라는 세계

우리가 모르는
우리말 이야기

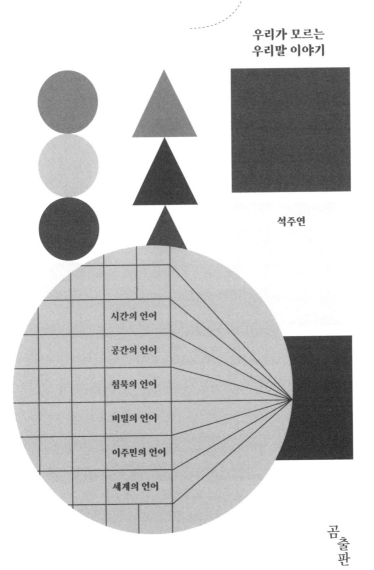

석주연

시간의 언어

공간의 언어

침묵의 언어

비밀의 언어

이주민의 언어

세계의 언어

곰
출
판

문을 열며

전 세계적으로 유행하는 노래 속 한국어는 이제 세계 인들의 시詩가 되어가고 있습니다. 그러다가 불현듯 그 시를 읊는 외국인들이 우리에게 우리말에 대해 더 많은 것을 묻고 싶을지도 모른다는 생각이 들었습니다.

우리는 일상적으로 "너, 안됐다. 낚시질에 걸렸네", "주삿바늘 들어가십니다" 등의 말을 듣고 말하며 살아갑니다. 그렇지만 "떡상"이니 "가슴이 웅장해집니다"와 같은 말이 여전히 낯설기만 한 사람도 있습니다. 심지어 우리 안에서도 이렇게 낯선 말들이 우리를 드러내고 있습니다.

그런가 하면 "잘 다녀오겠습니다"라는 말은 우리에게

는 너무나 익숙한 인사말이지만 외국인들은 이 인사말의 기본적인 뜻을 알고 나서도 왜 그 상황에서 그런 말을 하는지 잘 이해하지 못한다고 합니다. 참 기묘하지 않습니까? 우리에겐 이토록 익숙한 말이 그들에게는 전혀 납득이 되지 않는 것이 말입니다.

저는 1990년대 후반에 잠시 영국 런던에서 한국어를 가르친 일이 있습니다. 당시 한국은 IMF 구제금융 위기로 엄혹한 시절이었는데, 때마침 유럽에 잠시 머문 덕분에 적은 비용으로 배낭을 메고 유럽 몇몇 나라를 여행할 기회가 있었습니다. 지금은 해외여행이 일상화돼서 특별할 것도 없는 일이지만 그때만 해도 그것을 일상이라고 말하기 어려웠던 시절입니다. 여행하면서 여러 가지 흥미롭고 인상적인 일들을 많이 겪었는데, 그럴수록 어딜 가나 '나는 한국인이구나'라는 느낌 역시 강렬해지더군요.

그중에서도 그리스 아테네에서 있었던 일을 빼놓을 수 없습니다. 파르테논 신전은 아테네의 유명 관광 명소로, 높은 산등성이 위에 위치해 있습니다. 신전에서 올려다본 파란 잉크빛 하늘이 아직도 선연합니다. 신전을 둘러보기 위해서는 일단 산등성이를 올라야 하는데, 곧 해가

질 기세였기에 걸음을 재촉하는 일을 넘어 거의 뛰다시피 산등성이를 올랐습니다. 그런데 길가에 쭈그리고 앉아 담배를 피우던 그리스 할아버지 두 분이 저와 일행을 바라보면서 '불현듯' 내뱉은 외마디 소리가 제 걸음을 '탁' 멈추게 했습니다.

"한국 사람, 빨리빨리, 빨리빨리!"

신전 구경을 놓치더라도 이 외침은 그대로 지나칠 수가 없었습니다. 할아버지들은 연신 담배를 뻐끔거리는 사이사이 우리 일행을 보고 '빨리빨리'를 외쳤습니다. 도대체 이 할아버지들은 어디서 그 말을 알게 된 것일까요?

궁금증은 곧 풀렸습니다. 이 그리스 할아버지들은 한국전쟁 때 파병된 군인이었습니다. 당시에도 한국인은 항상 '빨리빨리' 하는 습성이 있었고 그러한 습성을 표현하는 말이 '빨리빨리'라는 것을 기억하고는 산을 오르던 우리 일행을 보고 그렇게 외쳤던 것입니다.

이 책을 시작하며 과거의 사소하고 낡은 기억을 굳이 끄집어낸 이유가 있습니다. 우리가 순간순간 드러내는 '말'이란 것이 얼마나 영속적으로 우리의 행위를 규정할 수 있는지, 그리고 그것이 타인의 눈에, 특히 다른 문화권에 속해 있는 이들에 의해 규정될 때는 그들의 생각 속에 꽤 '깊숙이' 아로새겨진다는 사실을 잘 보여주는 사례이기 때문입니다.

한국인과 한국인의 말이 가지는 빛깔은 다른 언어와 나란히 있을 때 더욱 확연히 드러나게 됩니다. 그런가 하면 지금 우리가 사용하는 '오늘'의 우리말은 '어제'의 우리말이 없었다면 가능하지 않았을 것입니다. 이처럼 우리가 알고 있는 우리말의 실체는 어제의 말로부터 이어진 것이고, 또 한편으로는 낯선 이의 시각, 이방인들의 말을 옆에 나란히 놓음으로써 더 또렷이 드러나는 것입니다.

무엇보다도 그리스에서 만난 어느 노인에 의해 소환된 한국인, 한국인의 언어 '빨리빨리'는 저에게 한국어가 무엇인지, 그로 인해 드러나는 우리 모습은 어떠한지 돌아보게 했습니다.

그런데 지금은 한국과 한국어를 소환하는 말이 '빨리빨리'에만 국한되어 있지는 않은 것 같습니다. 전쟁의 포성 속 한반도에서가 아니라 뉴욕의 전광판과 파리의 에펠탑 앞에서 외국인들에 의해 불리는 한국어 노랫말 속에 한국어 단어들이 줄줄 엮여 나오고 있습니다. 그리고 노래에

얹힌 그 한국어는 수십 년 전 '빨리빨리'에 비한다면 비교할 수 없을 만큼 많은 사람들의 머리와 가슴속에 울려 퍼지고 있습니다. 전 세계를 가로지르는 랜선은 노랫가락 속한국어를 끊임없이 퍼 나르고 있고요.

한편 그 한국어는 과거로부터 이어져온 우리의 지난 흔적이기도 합니다만, 이주민이라는 이름으로 우리 사회에 도래한 이들과의 소통을 바탕으로 지금 이 시간 또 다른 흔적을 만들어내고 있습니다.

너무나 잘 알고 공기처럼 주변에 항상 있지만 우리 스스로에겐 좀처럼 소환되지 않아 무감각해진 우리의 언어를 들여다보는 일, 타인의 시각으로 들여다보았을 때 조금 더 선명하게 드러나는 그 속 빛깔을, 과거의 언어로부터 이주민의 언어를 거쳐 인공지능과의 대화에 이르기까지 이 책에서 눈앞에 죽 펼쳐 함께 나누고자 합니다. 이러한 나눔의 작업은 우리 자신을 찾기 위한 몸짓이자 분투이기도 합니다. 사소하지만 결코 멈출 수 없는 분투 말이죠. 이제 작은 문을 살포시 열어 그 분투의 첫걸음을 내딛어보려합니다.

언어라는 세계

차례

1부

우리 안의 언어,
우리 밖의 언어

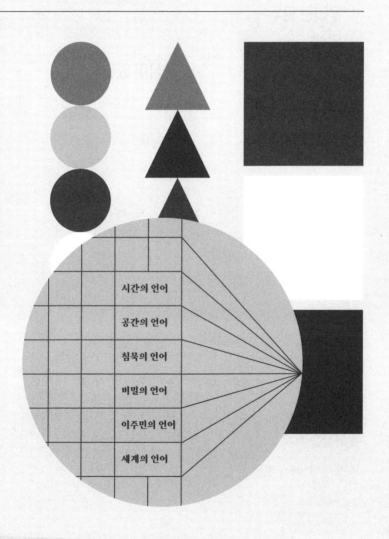

시간의 언어

공간의 언어

침묵의 언어

비밀의 언어

이주민의 언어

세계의 언어

1.

우리는 모두
말에

관심이 있다

우리는 모두 말에 관심이 있습니다. 누구라도 아니라고는 못 할 것입니다. 우리는 신문 기사 제목의 소위 '낚시질'에 열 받아 하고, 길가의 술집 이름이 '도서관'일 때 헛웃음을 터뜨리며, 야산에 핀 들꽃의 이름이 '며느리배꼽'이라는 것을 알고 기이해 합니다.

병원 간호사에게 듣는 "주삿바늘 들어가십니다"라는 친절한(?) 안내에 고개를 갸웃한 경험이 있다면 적어도 언어에 관심이 있는 사람이라 할 수 있습니다. 이렇게 언어에 관심을 가지고 있기에 역설적으로 언어에 대해 다 안다고 생각합니다. 일면 맞는 말입니다. 한국어를 말하고 듣고 읽고 쓰고 있는 우리. 도대체 한국어란 언어를 우리가 모르면 누가 알 수 있을까요?

정보의 바다 인터넷 시대는 우리의 자신감을 더욱 부추깁니다. 손가락만 까딱하면 취할 수 있는 수많은 정보로 인해 착각에 빠지게 되는 거죠. 모든 것을 안다는 착각 말입니다. 손가락 하나로 얻을 수 있는 정보의 양이 무한대이기에 우리는 언어에 대해서도 그만큼의 정보를 소유하고 있다고 착각합니다. 구글이나 네이버의 번역기는 외국어에 대해서도 우리가 마음만 먹으면 무한대의 정보를 꺼내어 쓸 수 있다고 착각하게 합니다.

언젠가 라디오 방송에서 외국인 진행자가 다음과 같은 말을 하는 것을 들은 적이 있습니다. 한국어의 '말아 먹다'라는 재미있고도 어려운 표현을 예로 들면서, "국에 밥을 말아 먹다"라는 말에는 쓰지만 "우유에 시리얼을 말아 먹다"라고는 왜 쓰지 않는지 모르겠다고요. 우리 한국 사람들은 별로 생각해보지 않은 면인가요? 네, 듣고 보니 그런 것도 같습니다.

'말아 먹다'는 우리도 자주 사용하는 말이지만 우유를 말아 먹는 상황에서는 왜 "우유를 말아 먹다"라고 하지 않는지 잘 모르는 것 같습니다. 혹시 인터넷에서 그 이유를 찾을 수 있을까요? 한번 해보세요. 쉽지 않다고요?

우리는 우리가 알고 있는 것만 안다고 생각하지 않으시나요? 하지만 대부분의 경우 모르는 것을 모르고 있다는 사실조차 모르는 경우가 많죠. 언어에 대해서도 그런 경우가 상당합니다. 그건 우리가 이미 알고 있는 것에 대한 호기심이 덜한 까닭이기도 하고, 타인의 시선으로 바라보는 것에 익숙하지 않아서이기도 합니다.

타인의 시선으로 나를 볼 때 보통 그것을 '객관적'이라고 합니다. "우유를 말아 먹다"라는 문장도 외국인의 시선이 특별히 탁월해서가 아니라 그들은 우리 한국어, 한국인의 것들을 다른 시선으로 볼 수 있기 때문입니다. 그렇다면 우리도 타인의 시선으로 우리의 것을 보게 되면 우리 자신에 대해 더 많이 알게 되지 않을까요?

다른 분야는 모르겠지만 언어는 매우 그러합니다. 그리고 그렇게 타인의 시선으로 바라볼 때 우리가 사용하지 않는 한국어의 면면이 우리를 더욱 잘 드러낼 수 있다고 생각합니다. 외국인과 같이 낯설게 바라보기가 우리말의 숨겨진 면을 더 잘 보이게 할 수 있는 거죠.

낯선 이의 시선으로 우리말을 들여다보면 거기 드러난 언어라는 프리즘의 빛깔에서 더 다채롭고 오묘한 측면을 관찰할 수 있습니다. 그리고 그 오묘함이 우리의 생각과 맺는 관계가 무엇인지도 알아낼 수 있고요.

프리즘으로 분리되는 빛깔들은 그 경계가 칼로 무 자르듯 자른 자국과 같지 않습니다. 경계면이 모호하고 불규칙해서 빨강과 주황의 구분이 명확하지 않죠. 한국어도 마찬가지입니다. 그리고 그것이 언어로 엮인 실제 우리 삶의 모습이기도 하고요. 여기저기 조각난 것처럼 보이지만 다 모아놓고 보면 하나의 그림이 되고 마는….

조각보처럼 알록달록한 한국어에는 감춰진 모습이 꽤 많습니다. 때로는 '(음식을) 말아 먹다'를 궁금해 했던 외국인과 같은 시각으로, 또 때로는 외국인이 알기 어려운 '(집안을) 말아먹다'에 대해 우리만이 느끼는 감각으로 한국어의 숨겨진 이면들을 함께 둘러보시지요. 우리가 이미 알고 있는 것에 더해 모르고 있는 것들이 얼마나 많은지 깨닫게 될 것입니다.

이미 잘 사용하고 있고 심지어 실컷 향유하고 있는데 그걸 알아 무얼 하겠느냐고 할지도 모르겠습니다. 하지만

언어라는 세계

가장 익숙한 것, 더 이상 해명할 것이 없어 보이는, 인간과 인간을 둘러싼 조건들을 살피는 것이 우리 자신을 알아가는 유용한 방법이기도 합니다. 인간을 둘러싼 조건, 잘 드러나 있지 않은 것을 드러내 보이는 것, 그것이 인문학적 문제의식에 응답하는 방법일 테고요.

근래 우리 사회의 구성원이 점점 다양해지고 있습니다. 또 BTS 노랫말은 세계인들의 시詩가 되기도 하고요. 에펠탑 앞에서 우리말로 된 시에 곡조를 붙여 노래하는 외국인들, 그 수많은 낯선 시각이 우리말에 대해 더 많은 것을 생각하게 합니다.

프리즘은 빛깔을 분리해냅니다. 프리즘은 기본적으로 무색투명한 단단한 수정체지만 빛을 만나면 다양한 빛깔을 띠게 됩니다. 비로소 무색이 아님을 드러내는 것이죠. 한 겹 들춰내면 나타나는 한국어의 다채로운 모습이 마치 프리즘의 형형색색과 닮지 않았나요? 이 책에서 그걸 한번 확인해보자고요.

2.

언어
차이와

그 너머

언어에 관한
생각 하나

한국어에 대한 이야기를 본격적으로 꺼내기에 앞서, 20세기 초반 언어에 대해 잘 알고 있다고 자부한 미국의 재야 학자이자, 초야에 묻혀 있던 고수(?)에 대한 이야기를 먼저 꺼내고자 합니다. 그를 그렇게 부르는 이유는 그가 어찌 보면 당연하기 이를 데 없는 생각으로 오래전 언어학계와 심리학계에 적잖은 파장을 불러일으킨 바 있기 때문입니다. 그의 견해는 관점에 따라서는 단순하기 그지없었

언어라는 세계

습니다. 바로 이것입니다.

"언어가 생각을 결정한다."

벤자민 리 워프Benjamin Lee Whorf, 바로 그가 이러한 주장을 폈습니다. 워프는 화재보험회사에 다니는 평범한 직장인으로, 언어에 대해 상당한 식견을 가지고 있었습니다. 그는 업무를 수행하며 생활 속에서 언어에 대한 관찰과 함께 자기만의 통찰력을 키웠습니다. 그의 이름값은 학벌이나 졸업장 같은 것에서 비롯된 것이 전혀 아니었습니다. 후에 에드워드 사피어Edward Sapir와 같은 전문 학자와 연구 활동을 수행하기도 했지만 애초 그는 소방 업무를 담당하는 평범한 직장인에 불과했습니다. 그럼에도 불구하고 그의 말은 분명 주의를 끄는 데가 있었고 대중에게까지 호소하는 바가 있었습니다.

그 이유는 그의 생각이 매우 직관적이었기 때문입니다. "언어가 생각을 결정한다"는 말, 언뜻 들어도 공감이 가는 말입니다. 그렇지만 워프의 생각은 의외로 파란의 역사를 쓰기 시작합니다. 그의 말은 엄격한 학문 논의의 장에서는 잘 받아들여지지 않거나 때론 많은 공격을 받기도 했는데, 왜 그러했는지는 뒤에서 다시 이야기하도록 하겠습니다.

다시, 언어가 생각을 결정한다는 말 자체로 돌아가보겠습니다. 그럴듯하다고 해서 모두 진실은 아닙니다. 믿을 수 있는 근거가 있어야겠지요.

미국의 심리학자 레라 보로디츠키Lera Boroditsky는 사람들이 시간을 생각하는 방식에 대해 주목하고, 중국 사람들과 미국 사람들에게 각각 시간을 그림으로 그려보라 했습니다. 그러자 중국어권 화자들은 시간을 수직적(↓)으로 그리는 데 반해 영어권 화자들은 수평적(→)으로 그렸습니다. 단순히 말하자면 '시간의 흐름'에 대한 생각이 중국 사람과 미국 사람이 서로 다르다 보니 중국어권 화자들은 시간을 '위에서 아래로' 생각하는 반면 영어권 화자들은 '왼쪽에서 오른쪽으로' 생각했던 것입니다. 그리고 이러한 차이가 바로 언어 때문에 생기는 일이라고 결론지었습니다. 시간을 인식하는 사고의 차이가 두 언어의 차이로부터 기인한다는 것이죠.

그럼 언어의 어떤 차이가 이런 생각의 차이를 불러왔

언어라는 세계

을까요?

중국어에서는 더 앞서 일어난 사건을 상上(위)으로 표현합니다. 더 뒤에 일어난 사건은 하下(아래)로 표현하고요. 위와 아래, 그러니까 위에서 아래로가 시간의 흐름을 인식하는 중국인들의 사고방식을 반영한다 할 수 있겠죠. 시간의 흐름을 시각화하라는 요구를 받았을 때 이를 상하의 수직선으로 그려내는 중국어권 화자의 행동과, 좌우의 수평선으로 그려내는 영어권 화자의 행동 차이는 바로 언어의 차이가 화자의 습관적 사고방식에 영향을 미친다는 사실을 보여준다는 것입니다.

실험실에서뿐 아니라 우리의 일상에서도 이와 비슷한 사례들을 발견할 수 있습니다. 1980년대 미국 햄버거 레스토랑 A&W 체인은 맥도날드 인기 메뉴인 쿼터파운더 quater pounder에 대적할 햄버거를 만들고 싶어 서드파운더 third pounder를 만들었습니다. 영어 이름에서 드러나듯 쿼터파운더는 고기 1/4덩이를, 서드파운더는 고기 1/3덩이를 의미합니다. 서드파운더는 당연히 쿼터파운더보다 소고기 함량이 높은 제품으로, 신제품으로서 기대를 한 몸에 받고 있었습니다. 심지어 서드파운더는 눈을 가리고 두 가지 햄버거의 맛을 비교하는 블라인드 테스트에서도 쿼터파운더를 이기는 대성공을 거두었습니다. 모든 사람들이 신제품 매출에 대한 기대에 들떠 있었죠. 그러나 기대와 달리 이 제품은 판매 부진에 시달리다가 결국 퇴출되고 말았습니다.

그런데 나중에 소비자를 대상으로 실패에 대한 이유를 조사해보니 그 이유가 황당했습니다. 이유가 무엇이었을까요? 바로 신제품의 이름 때문이었습니다.

기존 제품 쿼터파운더는 1파운드당 고기 덩이가 1/4이고 신제품 서드파운더는 1/3이기에 당연히 서드파운더가 쿼터파운더보다 고기 함량이 많습니다. 그러나 대중은 '4분의 1'에서는 4를 떠올리고 '3분의 1'에서는 3을 떠올렸습니다. 숫자 3이 4보다 작다 보니 서드파운더가 기존 제품 쿼터파운더보다 양이 적다 생각하여 덜 사먹게 되었다는 것입니다.

이 햄버거 이름에 관한 일화는 사물의 실체보다 때로는 그것에 대한 표현이 대중에게 얼마나 큰 영향을 미치는지를 보여준 대표적인 사례라 할 수 있습니다. 앞에서 이야기한 시간과 관련된 말의 경우에도 어떤 개념에 대한 언

언어라는 세계

어의 표현 차가 대중이 가지는 그 개념에 대한 생각에 미치는 영향을 보여준 셈입니다.

일단 서로 다른 언어에서 같은 개념을 가진 말들을 찾기란 쉬운 듯하면서도 어렵습니다. 어쩌면 뜻이 꼭 같은 단어가 서로 다른 언어 안에 있다는 생각 자체가 환상일 수도 있고요. 이제부터는 왜 그것이 환상일 수 있는지 보게 될 것입니다.

언어 차이와
그 너머

앞에서 직관적으로 꽤 그럴듯한 벤자민 리 워프의 주장에 대해 말도 안 된다고 힐난하는 사람도 많았습니다. 왜일까요? 그건 '언어가 생각을 결정한다'는 워프의 생각을 사람에 따라선 강한 결정론적 입장이 함축되어 있다고 보았기 때문입니다.

결정론적 사고가 함축하는 바는, 한 언어에서 가능한 사고가 다른 언어에서는 가능하지 않을 수 있다는 것과 같습니다. 그건 마치 한국인이 할 수 있는 것과 할 수 없는 사고의 범위가 이미 결정되어 있다고 여겨질 수도 있기에 누구에게나 불편한 이야기일 수밖에 없겠지요. 더욱이 개인을 넘어 특정 언어를 사용하는 '사람들'로 범위가 확대되면 민족이나 나라 간 사고 범위의 우열 같은 것이 존재한다는 말로 논란이 확장될 여지가 있습니다.

언어학자 놈 촘스키Noam Chomsky는 "화성인의 언어로 지구의 언어들을 관찰해보면 동일하게 보일 것"이라는 유명한 말을 남긴 바 있습니다. 즉 언어는 표면적으로만 차이를 보일 뿐 온 인류의 언어와 사고는 보편성을 가진다는 것입니다. 이런 시각에서는 사고나 언어 습득의 능력 범위가 저마다 정해져 있다는 생각 자체가 받아들여지기 어렵습니다.

시공간 개념과 같은 추상적 단어에서 햄버거와 같은 구체적 단어에 이르기까지, 심지어는 음성적 단어와 문장, 몸짓언어에 이르기까지 타인의 시선으로 우리말을 살펴보는 일과 언어, 사고, 문화의 관계 속에서 우리말을 비추어보는 일을 이제부터 조금씩 살펴보겠습니다.

"남남북쪽으로
컵 좀 옮겨줘"

앞서 시간 개념을 나타내는 말의 차이가 시간에 대한 사고방식에도 영향을 미친다고 했는데요, 시간을 표현하는 방식에 있어서 우리나라 고유어 중에는 순전히 '미래'만을 뜻하는 어휘를 상대적으로 찾아보기가 힘듭니다. 이러한 특성은 다른 나라 언어들에서도 확인되며, 언어적 현실이 가진 함축은 꽤 다면적인 측면이 있습니다. 시간과 관련된 말이 그렇다면 공간과 관련된 말은 어떨까요?

오스트레일리아의 수많은 원주민 언어 중에 '구구이미티르어Guugu Yimithirr'란 언어가 있습니다. 구구는 '언어'란 뜻이고, 이미티르는 '이것'이란 뜻이죠. 이 언어는 특이하게도 공간을 표현할 때 동서남북의 방위 중심적 좌표를 그 기준으로 삼습니다. 이를테면 "남남북쪽으로 컵 좀 옮겨줘"와 같은 표현이 일상적이라는 겁니다. 구구이미티르어를 사용하는 화자들은 어떤 의미에서는 인간 나침반이라고 할 만합니다.

그러나 우리나라에서는 누군가가 "너의 입 북동쪽에

빵이 놓여 있으니 먹어도 돼"라고 말하는 것을 한평생 들을 일이 거의 없을 것입니다. 비트겐슈타인이 언급한 세상을 바라보는 방식이 우리가 말을 하는 방식에서 고스란히 드러난다는 사실을 짐짓 깨닫게 됩니다.

한편 "가방은 책상 아래에 있습니다"와 "책상은 가방 위에 있습니다"라고 말하는 것은 참/거짓을 따지는 상황에서는 참과 거짓의 여부가 같습니다. 참/거짓이 같을 뿐 아니라 앞의 방식으로도 뒤의 방식으로도 말할 수 있습니다. 한국어를 포함하여 양쪽을 다 허락하는 언어가 다수이지만 그렇지 않은 언어도 있습니다. 그런데 이것이 함축하는 바는 무엇일까요? 이러한 말의 방식 차이가 과연 우리 삶에 '구체적으로' 영향을 미칠까요? 그렇다면 어떤 측면에 영향을 미칠까요?

사실 이런 질문에 대한 답이 모두 명쾌하게 드러나 있는 것은 아닙니다. 다만 이런 질문들이 가능하다는 것, 그리고 우리가 알고 있는 언어의 측면이 매우 다양하며 특히 이러한 언어 간 차이나 공통점을 저마다 생각해본다는 것은 의미가 있습니다. 그래야 우리말의 모습을 좀 더 객관적으로 들여다볼 기회가 생기니까요.

언어라는 세계

빨강,
모든 언어에 있을까?

색에 대한 표현은 앞에서 제기한 문제들과 관련하여 자주 등장하는 주제입니다. 파푸아 뉴기니의 원주민어 다니어Dani에는 색깔어가 밝은 색을 나타내는 어휘와 어두운 색을 나타내는 어휘 두 가지만 있습니다. 만약 언어가 사고를 결정한다는 극단적인 입장에 서면 다니어 사용자들은 색깔을 밝은 색과 어두운 색으로밖에 구별하지 못한다고 해야 할 것입니다.

그런데 과연 그럴까요? 예상할 수 있듯이 그렇지 않습니다. 다니어 사용자들의 색깔에 대한 구별 능력과 사고 능력은 밝은 색과 어두운 색을 구별하는 능력에만 머물러 있지 않습니다.

브렌트 벌린Brent Berlin과 폴 케이Paul Kay라는 학자에 따르면, 어떤 언어에서든 색채 표현은 빨강이나 노랑 등에 해당하는 표현을 사용하기 전에는 초록이나 파랑 등의 표현을 발달시키지 않는다고 합니다. 그러니까 A라는 언어에 '파랑'이라는 색깔에 대한 말이 있으면 반드시 '빨강'이나 '노랑'에 해당하는 말도 있다는 것이죠. 그런 경우가 A라는 언어뿐 아니라 다수의 언어에도 해당된다면 어느 정도 '보편성'을 획득했다고 말할 수 있을 것입니다. 이 내용은 뒤에서 다시 한 번 다루겠습니다.

언어마다
몸짓도 다를까?

문화적 영향에서 비교적 자유로운 3세에서 5세 사이의 터키어와 영어를 사용하는 어린이들에게 가파른 언덕을 내려가는 사람들이 그려진 만화를 보여주고 만화 속 상황을 말이 아닌 몸짓으로 표현하는 과제를 내주었습니다. 여기서 학자들은 아이들이 자신이 속한 언어권과 상관없이 동일한 몸짓을 사용한다는 사실을 발견했습니다. 이 결과에 따르면, 몸짓에 의미를 실을 때 애초의 발생적 차원에서는 언어권을 뛰어넘는 보편성이 있었을 것이라는 가능성을 보여줍니다. 그렇지만 모든 경우에 그럴까요?

만약 여러분 주변에 중국에서 온 여성이 있다면 그녀

가 보는 앞에서 귀 옆에다가 손가락으로 동그라미를 그리는 행위를 해보세요. 놀랍게도 이런 행동은 그들에게 그다지 모욕적인 행위가 아닙니다. 하지만 가까운 친구에게 그런 행위를 한다면 분명 타박의 대상이 되겠지요. 우리의 상식적인 몸짓언어 해석으로 보자면 이 행위는 상대방에게 미치지 않았느냐는 뜻으로 해석되는, 상당히 도발적인 몸짓언어이니까요.

그런데 중국에서는 바로 이 몸짓이 생각을 좀 더 해보라는 긍정적인 의미로 읽힙니다. 대만인들에게도 귀 옆에 손가락으로 동그라미를 해 보이면 마찬가지로 받아들입니다. 한편 중국에서 갓 이주해온 여성이 우리에게 이러한 몸짓언어로 의사소통을 시도한다면 우리가 보이는 즉각적 반응은 불쾌함이 되기 쉽습니다. 몸짓언어에 대해 갖는 생각의 출발점이 서로 다르기 때문입니다.

우리는 우리가 사용하는 몸짓언어의 뜻을 전 세계 모든 몸짓언어의 뜻으로 가정하고 소통의 출발점으로 삼기 일쑤입니다. 대부분의 몸짓언어는 인간의 희로애락에서 유래한 것들이라 흔히들 모두 같을 거라고 생각하는데, 이러한 태도가 의사소통을 방해할 수도 있습니다. 따라서 저

마다 자기가 사용하는 언어를 몸짓언어에서조차 당연시
하지 않으면서 동시에 객관화시켜 바라볼 수 있을 때 비
로소 진정한 소통의 시작이 가능하지 않을까 싶습니다. 이
내용은 뒤에서 다시 한 번 다루겠습니다.

느낌적인 느낌의 말들,
그 번역의 난처함

　외국어가 의미하는 단어의 뜻을 알게 되었다고 해도
그 뜻을 정말로 '이해'했다고 보기는 어렵다는 것을 우리는
모두 잘 알고 있습니다. 한때 매스컴에서 화제가 된 덴마
크어 휘게hygge는 '안락하고 소박한 생활방식'이라는 뜻을
갖고 있습니다. 덴마크인들에게는 우리말의 '정情'처럼 금
방 와닿는 뜻이겠지요.
　그런데 덴마크인이 아니라면 이런 표현은 쉽게 이해
하기 어렵습니다. 안락하고 소박한 생활. 도대체 어떤 것
일까요? 아마도 다음과 같은 사진이 '휘게'를 잘 설명하지
않을까 합니다.

　　　　　　　　　　　　　언어라는 세계

위 사진에 해당하는 우리말에는 무엇이 있을까요? '휘게'에 딱 맞는 단어가 금방 떠오르지 않습니다. 하지만 위 사진을 보고 '휘게'를 어렴풋이 느끼는 사람들이 꽤 있을 겁니다. 그 단어로부터 연상되는 생각과 느낌은 어느 정도 가능하기 때문이죠.

세계 도처에는 이런 단어들이 상당히 많습니다. 남미 원주민의 언어 가운데 '모든 이가 다 아는 진실이지만 아무도 말하지 않는 것'을 의미하는 '모키토mokito'라는 단어가 있습니다. 하지만 우리말로는 한마디로 정의하기가 쉽지 않습니다.

외국어에는 있지만 한국어에는 없는 단어가 '휘게', '모키토' 같은 것들이라면, 거꾸로 한국어의 '눈치'라는 표현은 한국어에는 있지만 외국어에서는 찾기 어려운 말입니다. 러시아어에도 영어에도 우리말 '눈치'에 딱 떨어지는 말은 없습니다.

고려인들이라고 들어보셨나요? 전라도 광주에는 일제강점기 이후 러시아 각지로 강제 이주를 당한 고려인들이 귀국하여 거주하는 고려인 마을이 있습니다. 러시아에서 3대 이상을 거주했기에 한국말보다는 러시아말에 더 익숙합니다. 꽤 많은 수의 이 고려인들은 일상생활에서 러시아말을 사용하는데요, 가끔 자신들이 사용하는 러시아말에 한국어를 섞어 사용하기도 합니다.

'눈치'는 그들이 섞어 사용하는 한국말 중 대표적인 말입니다. '눈치'를 굳이 왜 한국말로 표현하느냐고 물으니, 러시아어에는 한국말 '눈치'에 해당하는 말이 없기 때문이랍니다. '눈치'가 뭔지는 알지만 러시아말에는 그에 해당하는 말이 없어서 어쩔 수 없이 한국말을 사용하는 상황인 거죠.

느낌, 태도를 나타내는 이런 말들이 어떤 언어에서는

말로 드러나 있기도 하고, 또 다른 언어에서는 드러나 있지 않기도 합니다. 평소 사용하는 언어에서는 말로 드러나 있지 않기에 어쩌면 무심코 지나쳤을 수도 있고 그에 대해 조금은 무디게 느꼈을지도 모릅니다. 하지만 평소 무심했던 느낌이나 태도를 꼭 집어내 표현하는 단어와 마주하게 되면 그 단어가 바로 일종의 '해방구'가 됩니다. 어쩌면 한국말 '눈치'가 고려인들에게는 '해방구'로 인식되었기에 러시아말에 섞여 자주 사용되고 있는지도 모르겠습니다.

말 때문에
공부를 잘한다고요?

우리나라 미취학 아동이 영어권 미취학 아동에 비해 연산 능력이 앞선다는 흥미로운 연구 결과가 있는데요, 그 이유가 우리말의 수사(숫자를 나타내는 말) 구조가 쉽게 되어 있는 '덕분'이라고 합니다. 그런데 이런 연구 결과는 항상 하나의 가능한 결과라는 점(반론도 가능하다는 점)을 염두에 두고 보아야 합니다. 그걸 주의하세요. 그럼에도 이런 연구 결과로부터 우리말 구조가 구체적 삶(이 경우 공부가 되겠죠)에 영향을 미칠 수 있는 가능성을 엿보게 되는 것만은 부인할 수 없는 사실입니다.

만약 우리말 수사가 더 쉽게 구조화되어 있다면, 어떤 특정 비교 대상 언어의 수사보다 더 쉽게 구조화되어 있다고 말할 수 있어야 합니다. 먼저 영어를 예로 들어보죠. 영어의 수사 구조가 우리말 수사 구조보다 더 복잡하고 상대적으로 기억에 불리한 방식으로 구조화되어 있다고 말하는 이유는 이렇습니다.

우리말의 경우 11부터 19까지는 '10+1, 2, 3, 4, 5, 6, 7, 8, 9'와 같이 어린이들이 이미 알고 있는 1부터 10까지의 숫자를 바탕으로 구조화되어 있습니다. 예컨대 13과 14는 각각 열과 셋(10과 3) 그리고 열과 넷(10과 4)의 방식의 조합이죠. 그렇지만 영어의 경우는 11에서 19까지가 1에서 10까지의 숫자와 결합되어 예측할 수 있게끔 구조화되어 있지 않은 경우가 많습니다. 11에서 13까지의 숫자만 봐도 10과 관련되어 있는 경우가 없습니다. 즉 11(eleven)과 12(twelve), 13(thirteen) 간에 어떤 연관성도 찾기가 어렵습니다. 그래서 서로 연관 관계가 보이지 않는 숫자들 명칭을 일일이 기억한 후 연산을 하다 보니 상대적으로 11, 12, 13과 같은 숫자가 포함된 연산이 어려워진다는 얘깁니다. 믿거나 말거나이지만 보편적인 개념인 숫자조차 언어에 따라 불리는 명칭이 다르고, 그럼으로써 (초급 산수 능력이긴 해도) 수를 다루는 추상적 능력에도 영향을 미칠 수 있다는 발상 자체가 참으로 흥미롭습니다.

그렇다고 해서 여러분은 우리나라 어린이들의 뛰어난 수학 연산 실력에 우리말 구조가 결정적으로 기여했다고 손쉽게 결론 내리지는 않으리라 생각합니다. 다만 초등학교 이후 모어 외 제2언어를 습득한 학생의 수학적 사고 과정에는 언어 능력과 관련하여 뭔가 특별한 점이 있는 것만은 분명한 것 같습니다.

이 학생들은 일종의 이중 언어 사용자들이라고 할 수 있는데, 이 경우 두 번째로 습득한 언어가 아무리 유창해져도 식당에 가서 계산할 때는 자기 모어를 떠올려서 계산한다는 연구 결과가 있습니다. 이렇게 수학적 사고에는 특정한 한 언어가 사용된다는 연구들이 꽤 쌓여 있는 것을 보면, 언어 때문에 수학 실력이 좋다는 말이 그저 가벼운 우스갯소리만은 아닌 것 같습니다.

침묵의 무게는
나라마다 다르다

'침묵'은 동아시아 문화권에서(의외로 핀란드에서도) 상대방의 말에 대해 수용의 의미를 가집니다. 게다가 '침묵'의 가치가 널리 인정되고 있는 만큼 '침묵은 금이다'라는 말 역시 동아시아 문화권과 핀란드 같은 나라에서는 긍정적인 의미로 작용합니다.

반면 대부분의 서양권 언어에서 '침묵'은 상대방 말에 대한 '부정'의 의미를 가집니다. 때로는 '무시'로 여겨지기까지 하죠. 이 경우 침묵은 절대 금이 아닙니다. 오히려 '금기'라 할 수 있습니다.

우리의 대화 문화에서 칭찬에 대한 반응으로서 '침묵'은 긍정의 의미이자 겸손이라는 미덕의 표출이기도 합니다. 생각해보세요. 누군가 "참 멋지세요"라고 외모를 칭찬했을 때 "네, 감사합니다"라는 수긍하고 응답하는 경우보다는 빙그레 웃으며 침묵을 지키는 쪽이 좀 더 겸손해 보이지 않던가요?

한편 우리말은 화자의 발화의 이해 여부에 대한 책임

　　　　　　　　　　　　　　　　언어라는 세계

을 청자에게 부과하는 '청자 지향적' 특징을 가집니다. 대부분의 경우 화자의 말을 이해할 책임이 청자 쪽에 있다는 것입니다. '침묵이 어떤 의미인가' 하는 것을 알아낼 책임 역시 청자 쪽에 있다고 할 수 있고요.

우리말 '침묵'에 대한 긍정적 평가, '청자 지향적' 특징이 장면별·상황별로 지닌 다면적 함축은 작지 않습니다. 특히 공유된 위험 상황, 결정 상황, 친교 상황에서 그 파장과 효과가 극적으로 나타나는 경우도 있습니다. 또 대화가 드러내는 '정보의 양과 질'의 측면에서도 그 차이가 큽니다. 이 부분은 2부에서 좀 더 자세히 들여다보겠습니다.

같은 물건,
달리 보이나요?

스페인어나 독일어를 배워본 사람들은 잘 압니다. 물건마다 여성 또는 남성의 고유한 성이 부여되어 있다는 사실을 말이죠. 마찬가지로 프랑스어나 이탈리아어도 그렇다고 하니, 어찌 보면 특별할 게 없는 언어적 현상이라 볼 수도 있을 것입니다.

이 점에 착안하여 일군의 학자들은 스페인어와 독일어에서 문법적으로 서로 반대 성을 갖는 대상의 목록을 만든 뒤, 스페인어를 모국어로 사용하는 사람들과 독일어를 모국어로 사용하는 사람들에게 문법적으로 대조적 성을 지닌 대상들을 묘사할 때 떠오르는 형용사를 쓰게 했습니다. 결과가 흥미로웠는데, 똑같은 대상(명사)에 대해 두 언어 사용자 모두 자신의 모국어에서 부여하는 성이 불러일으키는 '인상'에 부합하는 형용사를 사용해 응답했다고 합니다.

예를 들어 '열쇠'라는 명사는 스페인어 사용자들에게는 작고 반짝거리는 황금빛이라는 느낌을 불러일으키는 반면, 독일어 사용자들에게는 무겁고 단단하며 차고 뾰족하다는 느낌을 불러일으켰습니다. 비단 열쇠뿐 아니라 두 언어에서 대조적인 명사들에 대해 각각의 언어 사용자들은 저마다 문법적 성이 보통 사람들에게 불러일으키는 '남성적' 또는 '여성적' 느낌을 그대로 투영하고 있었습니다. 마찬가지로 스페인어 사용자들에게 스페인어로 남성명사인 '다리'는 남성성이 부각되어 크고 위험하고 튼튼하다고 묘사되고, 독일어 사용자들에게 여성명사인 '다리'는 여성성이 부각되어 아름답고 평화롭고 우아하다고 묘사되었지요.

　이러한 사례들이 의미하는 바를 과장하거나 왜곡할 필요는 없지만 최소한 같은 사물이 달리 보인다는 것이 의미하는 바에 대한 관심, 그리고 타인에게 비치는 세계가 나의 것과 반드시 일치하는 것은 아니라는 점에 대한 성찰은 필요할 듯합니다. 다만 우리나라 신문에도 보도된 다음과 같은 현상은 성찰보다는 비판이 필요할지도 모르겠습니다.

　우리나라 국립국어원 격인 프랑스 '아카데미프랑세즈'가 신종 코로나바이러스 감염증(코로나19)을 의미하는 '코비드-19'를 여성명사로 지정했다. 첫 사망자가 나온 지 석 달이나 지난 시점에, 그것도 정부와 언론이 이미 남성명사로 사용해온 상황이라 뒤늦은 이번 결정이 성차별적이라는 지적이 나온다.
　아카데미프랑세즈는 지난 7일(현지시간) 공지를 통해 "코비드-19 신조어는 여성명사"라고 규정했다고 프랑스 현지 언론들이 12일 전했다. 코비드-19는 '코로나바이러스 감염증 2019Coronavirus Disease 2019'의

약어다. 중심 명사인 'Disease(감염증)'의 프랑스어인 'Maladie'가 여성명사이므로 여성형으로 사용해야 한다는 게 아카데미프랑세즈의 논리다. 이들은 "미국 연방수사국Federal Bureau of Investigation, FBI도 프랑스어로 하면 'Bureau fédéral d'enquête'인데 'Bureau'가 남성명사여서 FBI도 남성형으로 사용하고 있다"고 설명했다.

언뜻 보면 일리 있는 설명인 듯하지만 이미 통상적으로 코로나19가 남성형으로 사용되고 있는 상황임을 감안하면 성차별적 인식이라는 비판이 나올 법하다. 실제 프랑스 언론은 물론 일상생활에서도 현재 코로나19를 남성명사로 사용하고 있다. '코비드-19'라는 명칭이 정립되기 전부터 '코로나바이러스Coronavirus'를 사용해왔는데, 프랑스어권에서는 '바이러스'가 남성형이기 때문이다. 그런데 아카데미프랑세즈 측은 뒤늦게 '감염증'이 중심 명사이니 이를 여성명사로 규정하겠다고 나선 것이다.

_〈한국일보〉, 2020. 5. 13.

언어라는 세계

만약 앞에서와 같이 독일어와 스페인어의 '다리'가 불러일으키는 느낌이 우리 일상의 느낌을 지배한다면, 기사문에서도 밝혔듯이 프랑스의 '코비드'의 여성명사 지정은 분명 논란의 여지가 있는 처분이긴 합니다. 앞으로 시간이 지날수록 '코비드'가 프랑스에서는 분명 여성성과 연계되어 연상될 가능성이 많기 때문입니다. 그렇지 않습니까?

세상을 부르는 법과
세상을 바라보는 법

언어학자들 외에 철학자들도 언어의 차이에 대해 관심을 이어온 바 있습니다. 아리스토텔레스는 말소리는 다를 수 있으나 개념 자체는 어떤 종족에게나 똑같다고 주장한 바 있고요, 독일의 언어학자 카를 빌헬름 폰 훔볼트 Karl Wilhelm von Humboldt는 언어의 차이를 세계 해석의 차이라고 보기도 하였으며 언어의 다양성을 인지적 풍요로 설명하기도 했습니다. 미국의 철학자 윌러드 밴 오먼 콰인 Willard Van Orman Quine은 두 가지 언어가 있을 때 각 언어마다 전제되는 인지 구조 및 존재론의 차이로 말미암아 한 언어의 특정 단어는 다른 언어의 특정 단어로 온전히 번역되기 어렵다고 하였습니다.

무엇보다 개념과 명칭의 문제는 언어 차이라는 본질에 대해 다시 생각하게 합니다. 호주 대륙이 세상에 널리 알려지기 전 호주 대륙의 원주민 한 사람이 주머니를 가슴에 단 동물을 보고 '이게 뭐지?'라는 뜻의 '캥거루?'를 발화합니다. 그런데 그때 그 원주민과 함께 있던 서구의 오지 탐험가가 그 원주민의 말을 의문문이 아닌 동물의 이름(명칭)으로 해석한 것이죠. 결국 오늘날 '캥거루'는 서구 탐험가가 원주민의 의문을 명사로 오해하는 바람에 생겨난 이름인 셈입니다. 믿기시나요?

이 캥거루 어원은 사실인 양 최근까지 상당히 광범위하게 퍼져 있었으나 최근 사실이 아닌 것으로 밝혀졌습니다. 그런데 사실 여부와 관계없이 이 일화로부터 깨닫게 되는 바가 있습니다. 그것은 낯선 언어의 특정 발화는 맥락과 해석의 틀이 주어지지 않는 상황에서는 항상 그 지시 대상이 불확정적일 수밖에 없다는 것입니다.

이와 관련해 콰인 역시 비슷한 예를 든 적이 있습니다.

그에 따르면 누군가가 한 번도 가본 적 없는 나라에 갔을 때 그 나라에 살고 있는 사람이 지나가는 '토끼'를 보고 '가바가이'라고 했다고 해서 그것을 근거로 '가바가이'를 '토끼'라고 번역할 수는 없다는 것입니다. 그것은 '흰색'으로 번역될 수도 있고 '저녁거리'로 번역될 수도 있다는 거죠. 이 주장이 좀 더 설득력이 있는 것 같습니다.

'캥거루', '가바가이'와 관련한 일화들은 낯선 발화에 대해 서로 전혀 다른 범주를 가정하는 언어 사용자들 간의 인지적 사고에는 차이가 있을 수 있다는 점, 그리고 그것이 구체적으로는 언어 차이에 의해 드러난다는 점을 보

여줍니다. 그런데 동시에 이 문제는 다른 각도로 생각해볼 여지도 있습니다. 위의 사진을 보시죠.

꽤 유명한 사진인데요, 보시다시피 무엇이라고 분명하게 이름 붙이기가 어렵습니다. 그런데 이 사진 속 존재에 대해 아이들이 이것이 무엇이냐고 묻는 것 외에 보통 질문하는 종류는 굉장히 한정적이고 제약되어 있다고 합니다. 아이들의 질문은 거의 다음과 같은 수준에 머문다는 겁니다.

"엄마, 이게 고양이야? 아니면 토끼야?"

아이들은 위와 같이 물을 뿐 "엄마, 이게 고양이야? 아니면 장미야?"라고 묻지는 않는다는 겁니다. 어떤 학자들은 아이들이 위의 사진을 보고 절대로 꽃의 이름이나 사람의 이름이냐고 묻지 않는다는 점에 착안하여 인간의 뇌 속에는 본래적인 범주나 패턴 인식 능력이 있다고 말하기도 합니다. 이때 범주나 패턴 인식 능력에 대한 명칭을 개념에 대한 꼬리표라고 할 수 있습니다.

때로 이러한 개념에 대한 꼬리표는 문화적 관습을 반

영하기도 합니다. 그리고 때때로 개념과 개념 사이의 경계가 불분명한데도 개념에 대한 꼬리표는 인위적으로 또는 자의적으로 개념에 덧붙여지는 것처럼 보이기도 합니다.

우리말 중엔 '우리'라는 말이 있습니다. 그런데 필리핀의 타갈로그어에는 나와 너를 지칭하는 말, 나와 너와 제3자를 지칭하는 말, 나와 제3자를 지칭하는 말이 다 따로 있지만 우리말의 '우리'에 해당하는 말은 없다고 합니다. 그렇다고 타갈로그어의 '나와 너'를 지칭하는 말이 '우리'랑 전혀 다른 것일까요? 꼭 그렇지는 않습니다. '우리'의 범주 안에는 '나와 너'가 자리를 차지하기도 하고 '나와 나 이외의 사람들'이 자리를 차지하기도 합니다. 즉 우리말의 '우리'는 좀 더 포괄적이라고 할 수 있죠.

히브리어의 경우에는 '손'과 '팔'을 단어상 구분 없이 하나의 어휘로 표현하는데요, 히브리어의 관점에서 보면 그것은 경계 지어 따로 표현할 필요가 없는 말입니다. 그러니까 우리말의 '손'과 '팔'은 그저 자의적으로 구획된 경계에 대한 개념의 꼬리표들 같은 것이죠. 이렇게 어떤 대상이나 현상에 대해 '같다'거나 '다르다' 하는 것은 어디까지나 상대적인 판단에 대한 기술 방식일 수 있습니다.

하나의 틀에 익숙한 사람은 의외로 자신이 가진 틀이 감추고 있는 측면에 대해 잘 모르는 경우가 많습니다. 너무나 익숙하기 때문입니다. 어쩌면 나와 내가 속한 문화의 면면들은 다른 문화와의 대조 속에서만 그 실체가 드러날 수 있을지도 모르겠습니다. 그런 상황에서 우리는 우리도 모르는 사이 끊임없이 우리 자신만의 '틀'을 옆집 이웃에게 또는 옆집 이웃의 문화에 들이대면서 살아가고 있는 것은 아닐까요?

　생각이나 개념의 틀은 어떤 정답과 같은 표준형이 있는 것은 아니라고 생각합니다. 세상을 바라보는 틀에 정답은 없기 때문입니다. 타인에게 가능한 틀이 내게도 가능한 틀이 될 수 있고, 내게 가능한 틀이 타인에게도 가능할 수 있습니다. 세상을 바라보는 우리 자신의 틀, 우리의 언어를 조금 더 객관적으로 바라봄으로써 우리의 것을 당연시하지 않는 태도를 소통의 출발점으로 삼아보면 어떨까요? 여기서부터 타인과의 진정한 소통의 가능성이 시작될 수 있을지도 모르겠습니다.

2부

나를 비추는
언어

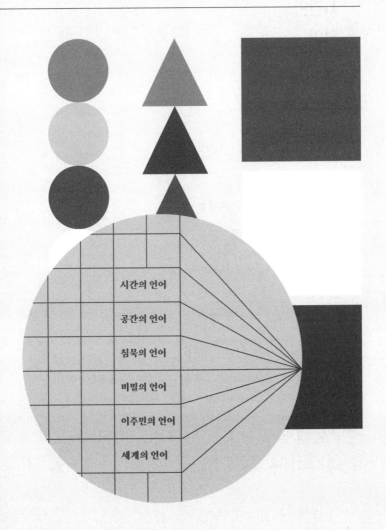

시간의 언어

공간의 언어

침묵의 언어

비밀의 언어

이주민의 언어

세계의 언어

1.

시간의
언어

이것은 모든 것을 잡아먹는다.

새들, 짐승들, 나무들, 꽃들.

무쇠를 갉아먹고, 강철을 깨문다.

단단한 돌을 가루 내어버린다.

왕들을 죽이며 마을을 폐허로 만든다.

그리고 태산마저 무너뜨린다.

_《호빗》 중에서(존 로날드 로웰 톨킨 지음, 이미애 옮김, 아르테, 2021)

소설 《호빗》에 나오는 이 수수께끼는 '시간'에 대해 노래하고 있습니다. 불교에서는 색色과 심心의 경계에 해당하는 시간을 공시간公時間과 사시간私時間으로 구별하기도 하는데요, 공시간이 자연현상처럼 역사적 사건 등을 중심으로 한 구획이라면 사시간은 사람이 현재 놓여 있는 시간으로 앞뒤 등을 매기는 방식을 말합니다.

다음의 대화는 우리가 가진 신체 생리적 측면과 시간이라는 개념의 관계를 엿볼 수 있게 해줍니다.

– 내일은 뭘 해볼 생각이세요?
– 모르겠는데요.
– 제 질문이 뭐였는지는 기억나세요?
– 내일은 뭘 해볼 거냐고 물어보신 거요?
– 맞아요. 그 질문에 대해 생각할 때의 마음 상태를 말씀해보실래요?
– 백지 상태라고나 할까요. 그냥 아무것도 없는 방에 있는데 누군가 제게 의자를 찾으라고 말하는 것처럼… 거기엔 아무것도 없는데 말이죠.

_《행복에 걸려 비틀거리다》중에서

(대니얼 길버트지음, 서은국 옮김, 김영사, 2006)

언어라는 세계

뇌에는 전두엽이란 부위가 있는데, 전두엽 손상 환자들은 미래를 생각하는 능력이 결핍되어 있다고 합니다. 인간의 뇌 진화의 최후 영역이면서도 가장 더디게 성숙하고 노년기에는 가장 먼저 퇴화하는 이 전두엽은 일종의 타임머신과도 같습니다. 어떤 동물도 우리의 전두엽과 같은 기관을 갖지 못했고, 전두엽을 가진 오직 인간만이 시간, 그 중에서도 미래를 생각할 수 있다고 합니다.

현재 대 미래

1997년 아카데미상을 수상한 영화 〈잉글리쉬 페이션트〉(1996)에는 미래라는 시간에 대해 생각하게 하는 대사가 나옵니다.

"지금이 제일 행복해."

이루어질 수 없는 사랑을 하고 있는 두 남녀. 언제가

가장 행복했느냐는 여자의 물음에 대한 남자의 답입니다. 질문에는 미래가 아닌 과거와 현재만이 전제되는데요, 아무래도 영화 속 연인들에겐 '지금'이 행복의 정점이겠지요. 미래가 지금보다 행복할 거라는 근거 없는 가정 역시 이 말엔 드러나지 않습니다. 여기선 오히려 사랑에 관한 한 미래에는 지금처럼 행복하기 어려울 수도 있겠다는 막연한 슬픔마저 느껴집니다.

전 세계 7000여 개나 되는 언어 중엔 미래 표현이 없는 언어가 꽤 많다고 합니다. 우리말로 치면 "내일은 비가 올 거야"라는 표현 자체가 없는 거죠. 미래 표현의 말이 없다는 것은 뭘 의미할까요? 미래가 현재와 다를 것이 없을 거라는 사람들의 생각을 반영한 걸까요? 생각의 방향과 관계없이 그저 그 말에만 나타나는 우연의 결과일까요? 아니면 단지 미래에 대해서는 생각조차 할 수 없는 현실을 나타내는 걸까요?

이는 언어학자와 심리학자들이 오랜 시간 계속해온 논쟁과 관련이 있기도 하고 주장의 방향도 구구합니다. 미래 표현이 없는 것이 언어 사용자들의 사고 방향을 반영한 것이라는 주장은 미래라는 개념 자체를 생각하지 못하는 사람들이 존재한다는 말이기도 합니다. 그런가 하면 미래 표현이 없다고 해서 언어 사용자들이 미래에 대해 사고할 수 없는 것은 아니라는 주장도 있습니다. 이 경우 미래에 대해 생각하는 것은 가능하지만 단지 미래만을 위한 언어 표현이 없을 뿐이라는 겁니다.

이 문제는 오히려 언어학이나 심리학보다는 엉뚱하게도 최근 경제학과 관련하여 불거지기도 했습니다. 어떤 언어가 가지는 미래 표현의 유무를 보면 그 언어 사용자의 저축률의 높고 낮음을 예측할 수 있다는 것입니다. 즉 미래 표현 유무라는 언어의 특징이 경제적 행동 패턴을 반영하고 있다는 주장입니다.

이 연구에 따르면 OECD 국가들 가운데 미래 표현이 없는 언어 사용자들이 미래 표현이 있는 언어 사용자들에 비해 저축률이 높다고 합니다. 그런 표현이 없는 중국어 사용자들이 미래 표현을 사용하는 스페인어 사용자들보다 저축률이 높은 것이 그 일례입니다. 자녀의 수나 임금 수준, 건강의 정도, 주택 보유 여부 등 수십 가지 요인들이 모두 동일한 조건에서도 미래 표현이 없는 언어 사용자들은 저축을 더 많이 하고 미래에 대한 대비를 지금(현재)

더욱 철저히 하는 경향을 보인다고 합니다. 덧붙여 별도의 미래 표현이 없는 사용자들이 동일한 패턴으로 흡연을 덜 한다는 것도 함께 밝혀두고 있습니다.

사실상 흡연을 자제하는 것과 돈을 덜 쓰고 모아두는 것 두 가지는 현재 욕망의 제어라는 점에서 크게 다르지 않습니다. 어디까지나 가정이지만 현재 표현과 미래 표현의 말이 동일하다는 것은, 현재와 비슷하거나 동일한 미래를 상상하는 태도를 반영하는 것인지도 모릅니다. 미래 표현이 별도로 있다는 것은 현재로부터 거리를 둔 미래를 염두에 두는 것으로, 현재와는 다른 미래(대부분은 마음에 들지 않는 현재로부터 동떨어진 미래가 아닐까요?)를 전제한다는 뜻이겠지요.

이 틀 안에서 보자면 현재보다 실질적으로 '나은' 미래를 원하는 사람에게는 현재의 욕망 제어가 합리적인 선택일 수 있습니다. 어차피 미래도 현재와 객관적 조건에 있어서는 다를 것이 없을 것이므로 현재 덜 쓰고 저축을 하거나 흡연을 덜하는 것은 곧 더 나은 미래를 위한 일종의 투자인 셈이니까요.

이 연구가 모든 것을 합리적으로 설명하는 것처럼 보

이고 흥미로운 문제를 제기하는 것은 사실이지만 이 모든 것이 확실히 입증되었다고 하기엔 여전히 미흡하다는 평가도 있습니다. 여기서 언뜻 확인되는 현상 간의 상관성은 어디까지나 우연의 결과이거나 혹은 잘못된 자료에 입각한 것일 수도 있다는 비판이 있기 때문입니다. 그럼에도 이 연구가 제기하는 문제 자체, 즉 언어의 특징과 그 언어를 사용하는 언어 사용자의 행동에 대한 관심의 끈은 놓지 말아야 할 것 같습니다.

언어 사용자들이 미래를 이미지화할 때 대부분의 경우 그것을 현재와 별반 다르지 않게 이미지화한다는 심리학에서의 연구 결과가 있습니다. 즉 미래의 이미지가 현재 이미지의 연장선상에 있다는 것이죠. 언어에 따라 미래와 현재의 언어 표현이 같은 경우도 어쩌면 이런 사실을 반영하고 있는지도 모릅니다. 그렇게 보면 쪼들리는 현재와 다를 것이 없는 미래라면 저축을 열심히 하는 것이 마땅할 수도 있습니다.

2019년 당시 꽤 인기를 끌었던 〈눈이 부시게〉라는 드라마에는 다음과 같은 대사가 나옵니다.

후회만 가득한 과거와 불안하기만 한 미래 때문에
지금을 망치지 마세요.
오늘을 살아가세요. 눈이 부시게!

　그렇다면 가장 행복한 지점은 항상 오늘, 바로 지금이기에 늘 현재가 중심이 되어야만 하는 걸까요? 그럴지도 모르겠습니다.

　다시 〈잉글리쉬 페이션트〉로 돌아가보죠. 이 영화의 주인공 두 사람의 대화가 이어집니다. 언제가 가장 불행했느냐는 여자의 또 다른 질문에 대해서도 '지금'이라는 대답이 돌아옵니다. 이 대답에도 미래의 그림자는 드리워져 있지 않습니다. 여전히 진정으로 사랑하는 사람들에게 '미래'는 없는 것입니다. 그것이 행복한 지금이든 불행한 지금이든, 바로 이 순간 '지금'만이 있을 뿐. 그리고 그것은 사랑하든 행복하든 불행하든 특정한 상황에 처한 인간 누구에게나 그러할 거라고 생각합니다.

시간과 인간의
상상

미래와 현재의 표현이 동일한 언어들은 꽤 있습니다. 사실 한국어에서도 '내일 간다'와 같은 문장은 겉보기에는 현재 문장이지만 내용상 미래를 말하고 있죠. 현재 문장으로 미래를 표현하는 건 가능합니다. 그러나 과거를 표현할 때는 쓰지 않습니다. '밥 먹는다'는 현재에 대한 언급일 뿐입니다.

그렇다면 현재와 과거의 관계와 달리 어째서 현재와 미래의 관계만이 언어 표현에서 동일하게 나타나는 걸까요? 어떻게 보면 기묘한 일입니다. 어쩌면 이 기묘함은 현재나 미래가 본질적으로 '시간'의 영역이라는 점으로부터 기인하기 때문인지도 모르겠습니다.

인간은 '시간'을 직관적으로 상상하지 못합니다. 우리가 공간, 즉 장소를 금방 떠올리는 특성과는 분명 차이가 있습니다. 눈을 감고 오직 '현재'만을 떠올려보세요. 가능한가요? 우리의 경험과 상관없이 '공원'이나 '호숫가' 같은 장소를 쉽게 떠올릴 수 있는 경우와는 전혀 다릅니다. 인간이 '시간'을 직관적으로 떠올리지 못하는 것은 마치 우리가 네 개 이상의 숫자를 직관적으로 인식하지 못하는 것과 비슷합니다.

《수학하는 신체》를 쓴 모리타 마사오에 따르면, 인간이 느끼는 인지적 한계를 보완하기 위해 보조적 수단으로 등장한 것이 손가락 같은 신체나 돌멩이 같은 사물을 활용하는 방식이라고 합니다. 그러다가 이 방식이 단위가 큰 수를 처리하는 데 한계를 보이자 로마자 같은 고대 숫자가 등장했는데, 여기에도 역시 한계가 있었죠. 예를 들면 36과 73은 로마자로 각각 'XXVI', 'LXXIII'으로 표현되는데, 이 두 수의 곱셈 결과를 로마자로 표현할 경우 'MMDCXXVIII(2628)'이 되기 때문에 능률적인 계산을 하기가 어려웠던 거죠.

이 문제는 7세기 인도인이 0을, 이후 아랍에서 오늘날 우리가 사용하는 아라비아숫자를 발명하면서 자연스레 해결되었습니다. 계산을 위한 숫자가 발명되고 보편화되는 과정 자체가 계산이 신체의 행위로부터 분리돼 '탈신체화'하는 과정이 된 셈이죠.

그러나 인지적으로 떠올릴 수 있는 '시간'은 위에서 살펴본 숫자와 같은 도구로 보완할 수 있는 성질이 아닌 것 같습니다. 시간은 만질 수 있는 것도 아니고요. 그렇다면 상상이라도 할 수 있어야 하는데 그것조차 불가능합니다. 혹자는 말할 것입니다. "어제 저녁 해운대 바닷가를 걷던 일을 나는 상상할 수 있는데, 왜 어제라는 과거는 상상할 수 없다는 말이지?" 하고요.

그런데, 어제 저녁 해운대 바닷가 장면에서 시간만 뚝 떼어서 상상할 수 있을까요? 그 장면을 떼고 오로지 시간만 말입니다. 상상이 불가능합니다. 장소나 장면과 달리 시간에는 인간의 직관이 닿지 않기 때문입니다. 우리가 시간을 떠올린다고 인식하는 것은 사실 장면을 인식하는 경우가 대부분임을 알 수 있습니다.

그렇다면 시간 중에서도 미래는 어떠할까요? 미래는 더욱 상상 불가라고 할 수 있습니다. 과거와 현재는 그래도 경험하거나 경험했던 장면에 과거 또는 현재라는 시간 개념을 '얹는' 방식으로 상상이 가능합니다. 그런데 미래는 경험하고 있거나 경험한 장면일 수 없습니다. 미래는 그런 장면을 상상할 수 없기에 미래라는 시간을 얹어보아도 현재나 과거와 달리 언제나 더 먼 곳, 더 상상하기 어려운 영역에 있기 마련입니다. 그러므로 미래를 그나마 상상할 수 있는 방법은 가장 근접한 현재의 장면에 미래라는 시간을 '얹는' 것입니다. 현재 표현이 미래를 대신하기도 하는 것은 바로 이러한 사정에 연유하죠.

그런데 조금 다른 각도에서 이 현상을 바라보는 것도 나쁘지 않을 것 같습니다. 미래를 현재와 같은 방식으로 상상하는 것이 어찌 보면 현재에 행하는 실수를 미래에도 똑같이 행하는, 이른바 성향에 대한 이유가 될 수 있거든요. 사람들이 역사로부터 배우지 못하는 것이나 독재자가 현재와 같이 영원히 독재가 통할 것이라고 생각하는 것처럼 감정도 마찬가지입니다. 우리 모두 알고 있지 않나요? 현재와 같은 감정을 미래에도 느낄 거라는 생각을 전제로 우리가 얼마나 많은 헛발질을 해왔는지요.

사람들은 흔히 미래 사건을 상상함으로써 미래의 느낌을 예상한다고 하는데, 그것은 현재에 그 사건이 일어나는 것처럼 상상하고 실제 실현 시간을 '교정'하는 방식으로 '예상'을 행하는 것이라고 할 수 있습니다. 같은 실수의 반복이랄까요. 현재 느끼고 있는 감정이 미래에 느낄 감정을 예상하는 데 있어서 하나의 시발점이 되는 것이죠.

언어라는 세계

시간과
선택

사람들은 왜 표현을 이렇게 저렇게 바꿀까요? 아마 지루함 때문일 것입니다. 다양성을 추구하는 것도 지루함을 없애기 위한 한 방편일 테고요.

한 상에 여러 요리를 차리는 것과 그 요리들을 시차를 두고 코스로 나오게 하는 것에는 차이가 있습니다. 하지만 사람들은 그 둘을 같다고 생각하기 쉽습니다. 특히 '다양성'이라는 면에 주의를 집중하면 더욱 그렇게 생각하는 경향이 강해집니다. 그러나 여러 요리를 순차적으로 코스로 나오게 하는 것은 '시간'을 개재시킨 것이라 한 상에 차리는 것과는 분명 차이가 있습니다. 우리에게 미치는 영향도 다를 수 있고요. 특히 '선택'이라는 행위를 전제하면 더욱 그러합니다.

너무 다양한 음식보다는 덜 다양한 음식들 중에서 선택한 사람이 더 행복하다는 연구 결과가 있습니다. 제공된 전체 요리의 종류는 같을지라도 '시간'을 '개재'시킨 코스 쪽 음식을 먹는 이가 좀 더 만족감을 느낄 확률이 높습니다. 흔히 한 상 차림 같은 여러 음식들 가운데 먹을 음식을 고르면 행복할 것 같지만, 그건 막상 '선택'하기 위한 '고뇌'는 계산에 넣지 않은 단순한 생각일 수 있습니다.

코스 요리 식당에 앉아 있는 사람이 진수성찬을 한꺼번에 눈앞에 둔 뷔페식당에 있는 사람보다 행복해질 가능성이 더 높다면 지나친 비약일까요? '한꺼번에 빨리'보다 '차례차례 천천히' 같은 시간의 개재가 때로는 우리를 더 행복하게 할 수도 있다고 한다면 말이죠.

시간을
공간처럼

인간은 공간을 구체적인 대상으로 인식하고, 시간은 추상적으로 인식합니다. 그런데 동시에 인간의 성향은 가급적 추상적인 것을 구체적으로 바꾸어 인식하려고 노력하는 것도 사실입니다. 그래서 사람들은 본질적으로 공간과 시간을 상이하게 인식하면서도 그것을 동일하게 받아들이려고 노력하는 것 같습니다.

언어라는 세계

언어학, 심리학에 관한 연구들은 세계의 언어들이 시간을 공간적 차원인 것처럼 상상한다는 사실을 잘 보여주고 있습니다. 한국어의 경우도 앞, 뒤, 전, 후 등 장소 지시의 명사들이 온전히 시간을 지시할 때 쓰이는 경우를 종종 볼 수 있습니다. 문장 전체로 그것을 구현하기도 하고요. "우리는 방금 여름을 눈앞으로 지나쳐 왔습니다"와 같은 표현이 바로 그렇습니다.

이렇게 시간을 공간화하여 표현하는 것은 시간은 계속 변하고 흐르며 한 지점에 머무는 것이 아니기 때문에, 계속 변화하는 것을 붙잡아두어 우리의 인식 구조 내에 머물게 함으로써 이해 불가한 것을 이해하고자 하는 욕망 때문인지도 모르겠습니다.

앞에서 선을 그어 시간을 표시하라고 했을 때 영어권 화자들은 수평선을 그어 과거를 왼쪽에 두고 중국어권 화자들은 수직선을 그어 그 위에 둔다고 했습니다. 모국어가 무엇이든 과거를 어딘가에 두고 미래는 다른 어딘가에 두게 마련입니다. 공간의 어느 한 곳에 두는 것이죠. 시간을 공간화하여 개념화하는 것, 더 나아가 나의 신체적 경험을 바탕으로 개념화하는 것은 상당히 보편적으로 확인되는 현상입니다. 또 그러한 개념화가 언어 표현으로 이어지는 것은 당연합니다.

같은 것을 보고
다르게 말하다

시간을 언어적으로 구현하는 범주가 시제tense입니다. 한국어의 시제 범주를 논하기 위해서는 발화자가 발화하는 바로 그 시간, 발화되는 사건이 일어난 시간, 발화되는 사건을 경험하는 시간 등에 주목해야 합니다. 이 각각의 시간을 우리는 발화시, 사건시, 경험시라고 합니다.

앞에서 시간이란 무정형이고 고정불변한 것이 아니라고 한 것을 상기해보죠. 마치 시간이 여러 개인 양 발화시, 사건시, 경험시 이렇게 복잡하게 시간을 설정하는 것은, 시작도 끝도 모양도 없는 시간을 사건과 결합시켜 발화할 때 기준 축을 어디에 두느냐에 따라 위치가 달라지기 때문입니다(여기서도 우리는 '위치'라는 말을 사용함으로써 시간을 공간화하여 표현할 수밖에 없음에 주목합시다).

영희가 빵을 먹는 행동에 대한 시간적 위치는 시간의
축에 따라, 그리고 그 시간의 축의 선후 관계에 따라 다음
과 같이 다양하게 표현할 수 있습니다.

영희가 빵을 먹는다. (사건시가 발화시와 일치)

영희가 빵을 먹었다. (사건시가 발화시에 선행)

영희가 빵을 먹겠다. (사건시가 발화시에 후행)

영희가 빵을 먹더라. (사건시가 경험시와 일치)

영희가 빵을 먹었더라. (사건시가 경험시보다 후행)

영희가 빵을 먹겠더라. (사건시가 경험시보다 선행)

이처럼 한 사건을 동작의 양상이나 유형과 관련하여
파악할 수도 있습니다. 그리고 그 동작은 계획, 전망, 예정,
완성, 진행의 다양한 국면으로 해석될 수 있습니다. 계획,
전망, 예정, 완성, 진행, 이런 것들은 어딘가 모르게 시간과
관계되는 듯합니다.

예를 들면 '먹고 있다/ 먹고 있었다/ 먹고 있겠다'가 모
두 가능하지만 진행이란 어떤 시간을 가정하든 특정한 시
간을 전제하지 않고서는 표현 자체를 하기 힘듭니다. 다만

어떤 시간이든 크게 상관은 없습니다. 이는 어느 한 시제에 매이지 않는다는 뜻이기도 하니까요. 과거의 틀 안에서도 진행은 가능하며 현재, 심지어 미래의 틀 안에서도 진행은 가능한 거죠. 이렇게요.

영희가 빵을 먹고 있었다.
영희가 빵을 먹고 있다.
영희가 빵을 먹고 있을 것이다.

과거와 현재, 그리고 미래에도 그 틀 안에서 진행되는 사건은 동작의 양상으로 표현될 수 있습니다. 미래에도 계획, 전망, 진행 등은 표시될 수 있는데, 이러한 범주를 동작상이라 합니다. 그러니까 동작상은 시제 범주와는 다른 것입니다.

같은 동사라 해도 상황에 따라 동작상을 달리하기에 '상황 유형'이라는 말을 쓰기도 합니다. '간다'라는 말은 시제로는 현재이지만 동작상 또는 상황 유형으로 진행상으로 해석될 수 있습니다. '가겠다'란 말 역시 시제로는 미래지만 동작상으로는 예정상이라고 해석될 수 있는 거죠.

언어라는 세계

그렇다면 다른 나라의 시제는 어떠할까요? 다른 언어의 화자들은 가까운 미래와 먼 미래에 대해 어떻게 생각할까요? 대체로 모두 현실성이 있다고 대답하는 것 같습니다. 앞서 미래라는 시간은 상상하기가 쉽지 않다고 했죠. 가까운 미래가 먼 미래보다 구체적으로 여겨지는 것은 우리가 시간을 공간화하여 생각하기 때문입니다.

시간에 대한 이러한 무심함은 보이지 않는 것에 주의를 기울이지 않는 인간의 성향과도 관련이 있는 것으로 보입니다. 시간에 주의를 기울이지 않는 것은 앞에서도 말했듯이 우리는 가까운 미래나 먼 미래 다 현실성이 있다고 생각하기 때문입니다. 즉 과거나 미래를 현재의 경험으로 채우는데, 미래가 과거보다 채워야 할 부분이 많다 보니 현재로 미래를 채우는 양이 과거보다 더 많을 수밖에 없는 것입니다.

'어젯밤 방에서 인터넷 게임을 하고 있는 나'와 비교해서 다음의 나를 상상해보면 쉽게 이해할 수 있습니다.

내일 문을 잠그고 있는 '자신'
내가 문을 잠그고 있는 '내일'

위의 장면은 상상하기도 어렵지만 그것이 가능해도 '어젯밤 방에서 인터넷 게임을 하고 있는 나'보다는 상상으로 채워야 할 부분이 더 많다는 사실을 깨닫게 됩니다. 미래를 현재의 경험으로부터 상상으로 채워나가는 일은 이렇게 시간선상에서 서로 다른 지점 간의 이동을 바탕으로 가능한 일입니다.

어떤 언어는 멀리 떨어진 공간에서 일어나는 사건을 특정 시간 개념에 섞어 표현하기도 합니다. 아메리카 대륙의 인디언인 호피족이 사용하는 언어 호피어에서는 화자로부터 멀리 떨어진 곳에서 일어나는 사건은 먼 과거의 일로 동사에 드러납니다. 공간 개념을 시간 개념에 섞어서 시제화하여 표현하는 것이죠. 그러면서도 진정 언어학적 의미의 '시제'는 가지고 있지 않고, 앞에서 언급한 계획, 전망, 예정, 완성, 진행 등의 '상황 유형'을 표시하는 '동작상'만을 사용하여 사건의 앞뒤를 문장 연결로 표현합니다. 시간의 개념이 언어에 구현되는 방식이 언어마다 우리가 상상할 수 없을 정도로 다양하다는 걸 알 수 있습니다.

이런 상황에서 동일한 장면을 보고 서로 다른 시간 범주를 사용해 표현하는 여러 언어들이 존재한다는 것은 전

혀 이상한 일이 아닙니다. 즉 같은 장면을 보고 다르게 말
하는 것뿐입니다. 시간 표현의 여러 가지 수단을 이용해서
말입니다. 그런 경우는 많습니다. 다음의 경우만 보더라도

그러합니다.

　왼쪽 두 그림을 보여주고 상황을 표현해보라는 과제를 내줬을 때 영어권 어린이들과 스페인어권 어린이들은 대체로 진행상('강아지가 달리고 있어요'와 같이 한국어의 '~고 있다'는 진행상에 해당하는 표현)의 시제를 사용하는 양상을 보입니다. 그러나 진행상이 없는 독일어권 어린이들은 같은 그림을 보여줘도 진행상을 사용하지 않습니다. 그것은 예상 가능하듯이 진행상이 독일어의 문법 범주로 표현되지 않기 때문이죠.

　특히 두 그림 중 아래의 그림만 제시했을 때 영어권 어린이와 스페인어권 어린이들은 "소년이 나무에서 떨어진 것처럼 보여요" 정도로 상황을 비슷하게 묘사합니다. 그러나 터키어를 사용하는 어린이들에게 보여주었을 때엔 "(내가 직접 보았는데) 개가 달리고 있어요"와 "(내가 직접 보지는 못했는데) 소년이 떨어진 것 같아요"와 같은 방식으로 자신이 직접 장면을 목격했는지 목격하지 않았는지 여부를 반드시 문장 안에 포함시켜 표현합니다. 이처럼 터키어에서는 다른 언어와 달리 자신이 발화하고 있는 문장 내용에 대한 목격 여부를 의무적으로 문장 안에 포함시키는데, 이

는 대화 상대방에게 보다 정보에 충실한 발화를 들려준다
고 할 수 있습니다.

　타문화권의 사람들이 우리의 시제 체계나 시간에 대
한 관념 등을 이해하지 못한다면 그것은 그들의 탓이 아
님을 앞서 여러 사례들로부터 깨닫게 됩니다. 인간의 언어
현상이란 애초 내가 가진 최초의 직관 외엔 원초적으로 이
해 불가한 영역이 대부분이기 때문입니다. 그러므로 이웃
의 표현과 그들 고유의 특별한 말씨에 대한 관용과 수용의
태도는 너무나 당연한 것이 아닐까 합니다.

2.

공간의
언어

곧고 빽빽하게 뻗어 오른 숲속의 대나무들, 우리에겐 솟구쳐 시원스럽게만 보이는 그 대나무들이 곤충에겐 그 저 반원형의 굴곡진 모습들로만 보인다는 것을 아십니까? 곤충, 특히 얼굴의 반 이상이 눈으로 덮힌 곤충들은 시야 가 광대해서 위, 아래, 앞, 뒤를 동시에 볼 수 있는데, 그 결 과 우리와는 다른 방식으로 대나무들을 봅니다.

어떤 시인의 시에 따르면, '저녁마다 집 안에 사는 생 물과 가구의 얼굴에 한참씩 이상한 빛 던지던 기계'라는 구절이 나옵니다. 다름 아닌 귀뚜라미의 시선에서 본 텔레 비전의 모습입니다. 인간의 시점에선 그저 텔레비전이지만 귀뚜라미의 시점에선 '이상한 빛을 던지는 기계'라는 것이겠죠. 물론 귀뚜라미 역시 시야가 광대한 곤충이라는 점을 생각하면 텔레비전에 대한 이러한 묘사도 어쩌면 충분한 것이 아닐 수 있습니다. 이처럼 같은 대상, 같은 공간도 누구의 시선, 어떤 시점으로 보느냐에 따라 진술이 달라질 수 있습니다. 심지어 귀뚜라미와 같은 곤충의 눈으로도 말이죠.

공간이 사람을 만든다는 말이 있습니다. 인간이 공간에 의해 규정되고 영향 받는다는 것을 뜻하는 말이겠죠. 이런 공간에 대한 지배는 일상생활을 넘어 근본적인 사회적 권력의 원천이라고 말하는 학자도 있습니다.

인류학자 로버트 허쉬Robert Hirsch는 장소place와 공간space을 구분하면서 장소가 인간의 행동과 경험이 구체화되는 곳이라면, 공간은 인간의 행동과 경험이 일어나기 이전에 그것이 일어날 수 있는 잠재성을 가진 곳이라고 정의했습니다. 장소는 현실성actuality, 공간은 가능성potentiality 실현의 영역으로 본 거죠.

하지만 우리는 이 둘을 구분하지 않고 '공간'이라고 하는 게 좋겠습니다. 왜냐하면 사람의 말에는 경험이 꼭 전제되지 않는 내용도 있으니까요. 경험과 현실뿐 아니라 초현실의 세계, 상상의 범위, 즉 가능성의 영역도 인간은 말로 구사할 수 있으니 '실현'의 가능성까지 염두에 둔 '공간'이 좀 더 포괄적일 수 있습니다. 현실이 말이 되기도 합니다만 말은 현실을 초월합니다. 가능성과 상상을 담을 수 있으니까요.

공간어는
어떻게 나타내는가

한국어에서 공간을 나타내는 말은 구체적인 문장에서는 '~에서, ~에'와 같은 '조사'라 불리는 말을 뒤에 두고 구사하는 경우가 많습니다. '학교에서 공부한다'와 같은 문장에서 '~에서'가 없다면 어찌 될까요? '학교 공부한다?', 이상해지죠.

이처럼 '~에서'는 장소를 나타내는 말을 지탱해줍니다. 그런데 '~에서'가 하는 역할, 그리고 장소를 표현하는 말 뒤에 나타나는 그 위치가 한국인에겐 너무나 당연해 보이지만, 가까운 중국인들에게만 하더라도 그다지 당연한 일이 아닙니다. 멀리 영미권까지 갈 것도 없이요.

오래전 한자를 들여와서 문화 발전의 디딤돌로 삼으려 했던 우리 조상들 역시 이 문제로 꽤나 골치가 아팠습니다. 중국어 문법에 따르면, 장소를 나타내는 말 앞에 한국어 '~에서'에 해당하는 말이 위치하기 때문입니다. 이를테면 '집에서'를 의미하는 '前宅(전택)'은 '집에서'의 '~(앞)에서'에 해당하는 前이 장소를 나타내는 말인 宅을 그 앞에서 지탱해줍니다.

우리 조상들은 일찍이 우리말과 구조가 다른 중국어를 표기하는 한자를 들여와서 우리말을 표기하는 데 사용했습니다. 〈서동요〉 등을 표기한 향찰이니 이두니 하는 것들이 이에 해당합니다.

예전에는 통신수단이 있기는커녕 이웃 마을을 방문하여 소식을 전하는 것도 지금보다 훨씬 오랜 시간이 소요되었기에 공지 사항이나 개인 서신을 전달하는 일 등이 매우 어려웠습니다. 그래서 통신과 방송이 전무하던 시절, 무언가를 공식화하고 싶거나 공식적으로 기록하고자 할 때 그 내용을 새겨 비석을 세우는 일을 오래전부터 해왔던 게 아닌가 싶습니다.

〈임신서기석〉이라는 비석은 신라시대 두 젊은이가 충도忠道를 지키고 유학을 열심히 탐구하기 위해 서로 맹세한 내용을 돌에 새긴 유물입니다. 신의로써 맹세한 내용을 서로에게 공유하고 오래도록 기록하고자 만든 비석인 것이지요. 물론 한자를 빌려 쓴 이두로 되어 있지만 그 내용을 현대문으로 적으면 다음과 같은 의미가 됩니다.

임신년 6월 16일에 두 사람이 함께 맹세해 기록한다. 하늘 앞에서 맹세한다. 지금부터 3년 이후에 충도를 집지하고 허물이 없기를 맹세한다. 만일 이 서약을 어기면 하늘에 큰 죄를 지는 것이라고 맹세한다. 만일 나라가 편안하지 않고 크게 세상이 어지러워지면 모름지기 충도를 행할 것을 맹세한다. 또한 따로 앞서 신미년 7월 22일에 크게 맹세하였다. 즉 시·상서·예기·전을 차례로 습득하기를 맹세하되 3년으로써 하였다.

壬申年六月十六日 二人幷誓記 天前誓 今自三年以後 忠道執持 過失无誓 若此事失 天大罪得誓 若國不安大亂世

可容行誓之 又別先辛未年 七月廿二日 大誓 詩尙書禮傳
倫得誓三年

이 비석문에서 '天前誓(천전서)'라는 구절을 보면 '天(하늘)'과 '前(앞에서)'이 순서대로 나열되어 있습니다. 우리말 어순 그대로죠. 겉모습은 한자로 되어 있지만 속구조는 그대로 우리말인 겁니다.

이것이 겉모습이든 속모습이든 중국어를 반영했다면 '天前'이 아니라 '前天'이 되었을 겁니다. 앞에서 보았듯이 '~에서', '~의 앞에'와 같은 장소와 관련된 문법 표현이 장소 명사 앞에 위치하기 때문입니다. 비단 중국어뿐 아니라 at(~에), in(~안에) 등과 같은 전치사를 사용하는 영어도 마찬가지임을 우리는 잘 알고 있습니다.

비문을 직접 기록한 신라시대 두 화랑도 중국어로는 '前天'이 맞지만 그것은 중국어일 뿐 우리말로는 '하늘에서'의 한자 표기 '天前'이어야 함을 인식했을 테고, 그러한 외국어와의 차이를 내내 의식하면서 비문을 새겼을 것입니다.

학자들 중에는 언어가 다르면 특정 방향의 사고가 더

쉽거나 혹은 더 어려워진다고 주장하는 이들이 있습니다. 이 정도까지는 아니더라도 '~에서'와 같은 언어 표현이 장소 앞에 위치하느냐 뒤에 위치하느냐를 두고 우리 조상들 역시 한자를 빌려 우리말을 표현해내는 데 있어 상당한 어려움을 겪었을 게 분명합니다. 그러한 어려움을 극복하고자 하는 의지가 결국 한글 창제로까지 이어진 것 역시 짐작할 만하고요.

요즘도 한국어가 다른 언어들과 차이를 보인다는 사실이 우리를 들었다 놨다 하는 시대를 살고 있습니다. 영어와 같은 외국어를 사용하지 않고 일생을 살아갈 수 있는 이가 있을까요? 평생 동안 단 하나의 외국어도 사용하지 않는 경우는 거의 없으리라 봅니다.

현재뿐만 아니라 심지어 신라시대에조차 우리는 외국어의 영향에서 완전히 자유롭지 못했습니다. 비석에 기록을 하기 위해 중국어와 한국어의 차이, 즉 장소 표현 앞에 '~에서'를 둘 것인가 등을 의식하고 여러 가지 방편을 동원해서 표현의 차이를 극복하려고 애쓴 흔적이 그 증거인 셈입니다. 참고로 특정 언어가 다른 언어와 다름으로써 인지적으로 치러야 할 대가를 일컬어 '계산비용'이라고 칭하는 학자들이 있는데, 우리 조상들도 한글 창제 이전에는 문자 언어 표기를 위해 치러야 할 계산비용이 상당했을 것으로 생각됩니다.

한국어로 장소를 표현하기 위해서는 '~에서'가 필요하고, 그 위치는 장소를 지칭하는 단어 다음이라는 이 지극히 평범하고 자연스러운 현상을 다른 언어 사이에서 비추어보니 또 다른 의미로 다가오기도 합니다. 어찌 보면 신라시대와 같은 과거에도 별반 다르지 않았던 것 같습니다.

공간어,
몸으로부터 시간에 이르기까지

한국어에서 앞, 뒤, 전, 후와 같은 말들은 기본적으로 공간을 나타냅니다. 그런데 이러한 공간을 나타내는 말들을 아무 맥락 없이 던져주면 청자는 그 내용을 사람의 신체를 중심으로 해석하게 됩니다.

"그 물건은 앞에 두세요" 하고 말하면 이 문장에서 말하는 '앞'의 기준점은 말하는 사람 또는 말을 듣는 사람이 됩니다. 즉 말하는 사람의 앞이나 말을 듣는 사람의 앞에 물건이 놓이게 되는 거죠. 실제로 공간을 가리키는 많은 말들이 사람의 몸을 중심으로 구조화되었고, 이는 세계 도처의 언어들에서도 발견됩니다. 일례로 아프리카어 가운데 에웨어EWE에서는 사람의 몸을 중심으로 '뒤'라는 어휘를 발달시켰고요.

한편, 한국어의 앞, 뒤, 전, 후는 몸을 중심으로 해석되기도 하지만 더 나아가 시간을 나타내는 말로까지 확장됩니다. "3일 뒤에는 여러분들 책상 뒤에 장미 화분 하나씩이 배치될 겁니다"에서 두 개의 뒤, 즉 3일 뒤의 '뒤'와 책상 뒤의 '뒤'는 각각 시간적 위치와 공간적 위치를 나타냅니다. 사람의 몸이 장소를 나타내는 기준이자 더 나아가 시간을 드러내는 표현으로까지 발달한 것입니다.

나 중심의 장소,
방위 중심의 장소

앞에서 오스트레일리아의 원주민 언어 중 하나인 구

구이미티르어에 대해 살펴보았는데요, 이 언어는 특이하게도 사물의 위치를 표현할 때 동서남북의 방위 중심적 좌표를 바탕으로 말하는 것을 알 수 있습니다. 그래서 "남남북쪽으로 컵 좀 옮겨줘"와 같은 표현이 일상적으로 사용됩니다. 대부분의 언어가 "컵을 네 앞으로 옮겨" 같은 방식으로 말하는 상황에서 구구이미티르어의 이러한 특징이 의미하는 바는 구체적으로 어떤 것일까요?

예를 들어 구구이미티르어를 사용하는 지인이 있다면 설사 그와 나 사이에 한 언어를 다른 언어로 번역할 통역사가 있더라도 "남남북쪽으로 컵을 옮기세요"와 같은 말은 참으로 생경하게 들릴 것 같습니다.

더 나아가 지인과 내가 강원도의 콘도에 가서 복도를 마주 보고 있는, 같은 구조의 방에 묵었다고 합시다. 서로의 방을 구경한 후 내가 그 지인에게 "같은 방을 두 번 구경했네!"라고 말한다면, 그는 나에게 자기 방과 내 방은 같지 않다며 의아해할지도 모릅니다. 왜냐하면 구구이미티르어를 사용하는 그에겐 두 방의 가구 위치가 전혀 다르게 인식되었을 가능성이 크기 때문입니다. '동서남북'과 같은 절대 방위 체계로 사물의 위치를 인식하는 그들에겐 당연한 일입니다. 반대로 내 입장에서는 오히려 그를 이해할 수 없겠죠. 내 눈에는 지인의 방과 내 방이 크기와 가구 위치 등이 완전히 일치하기 때문입니다. 물론 그 지인과 내가 언어와 장소의 표현 방식이 서로 전혀 다른 종류의 것이라는 인식을 공유하고 있다면 이와 같은 난처함은 극복할 만한 것이라고 받아들일지도 모르겠습니다.

이 사례는 어디까지나 극단적인 상황을 가정한 것입니다만 그것이 함축하는 바는 사소하지 않다고 생각합니다. 한국어와 한국어 이외의 언어 간 차이가 때로는 예상하지 못한 방식으로 우리 삶 속에 크고 작은 파장을 만들어낼 수도 있음을 보여주기 때문입니다.

자기중심의 좌표 언어와
방위 중심의 좌표 언어

한국어와 같이 대개 '나'를 중심으로 장소를 지시하는 언어가 있는가 하면, 구구이미티르어와 같이 '절대적 방위'를 중심으로 장소를 지시하는 언어가 있습니다. 이들을 각각 '자기중심의 좌표 언어egocentric language'와 '방위 중심의 좌표 언어geocentric language'라 합니다.

　방위 중심의 좌표 언어의 경우 대도시 지역보다는 외곽 지역, 현대 문명의 영향력이 상대적으로 미미한 지역, 전원이나 농촌·산촌이 해당 지역의 대부분을 차지할 때 사용되는 경우가 많다고 합니다. 대도시보다 오히려 외딴 시골에서 동서남북의 좌표를 사용해 장소를 지시한다는 사실이 우리의 일반적인 예상과는 다소 빗나간 것처럼 보이기도 합니다. 문명의 영향력이 상대적으로 약한 지역인 시골 외딴 곳에서 사용하는 좌표가 보다 객관적으로 보이는 동서남북의 좌표에 더 가깝다는 사실이 그렇습니다.

　한편, 방위 중심의 좌표 언어의 경우 지구 중심을 기준점으로 한 좌표 언어라고 이해될 수 있지만, 남극과 북극을 관측점으로 할 경우엔 동서남북이 역방향이 되기에 '객관적으로 보이는 동서남북의 좌표'라고 이해하는 것이 그다지 적절하지 않다는 견해도 있습니다.

　그런데 최근 연구에 따르면, 좌표에 관해서는 두 가지 방향의 언어를 습득하는 것이 가능하다고 합니다. 여기서 특이한 점은 "남남북쪽으로 컵을 옮겨" 식의 언어를 사용하는 사람들이 "네 앞으로 컵을 옮겨" 식의 언어를 습득하여 '표면적'으로 '자기중심의 좌표 언어'를 사용한다 할지라도, '내용적'으로는 '방위 중심의 좌표 언어' 방식을 반영하여 쓰려고 한다는 것입니다. 마찬가지로 몸짓언어로 장소를 표현하는 경우에도 원래 사용하던 '방위 중심의 좌표 언어' 방식을 반영하려 한다고 합니다. 단순하게 말하자면 표면적으로는 새로 습득한 언어를 쓰되 장소 표현을 할 경우에는 여전히 이전 언어의 습관대로 "남남북쪽으로 컵을 옮겨"와 같이 동서남북의 방위를 사용하여 표현을 하려는 경향을 보인다는 겁니다.

이 같은 사례는 장소를 표현하는 데 있어 언어마다 특정한 인지적·심리적 경향성이 영향을 끼치며, 이런 경향성은 다른 언어를 습득한다 해도 사라지는 성질이 아니라는 것을 알려줍니다. 이로부터 우리는 타 문화와 타 언어를 이해할 때 우리가 가정하는 수많은 전제들이 말 그대로 수많은 '전제들' 중 하나에 불과할 뿐이라는 사실을 깨닫게 됩니다.

'보이는 게 다가 아니다' 대
'보이는 게 다다'

무언가를 볼 때 기준이 되는 위치를 우리는 보통 '시점'이라 합니다. 그리고 언어에서의 시점은 구구이미티르어의 사례에서 확인했듯이 항상 말하는 사람에만 머물러 있지는 않습니다. 즉 시점의 위치는 언제든 달라질 수 있습니다.

한편 언어에서뿐만 아니라 그림에서도 시점은 오묘한 방식으로 나타나기도 합니다. 흔히 그림에서는 관찰자 또는 그림을 그린 화가 자신은 그림 안에 드러나 있지 않습니다. 그런데 아래의 그림은 분명 예외인 듯합니다.

15세기 네덜란드의 화가 얀 반 에이크Jan van Eyck가 그린 왼쪽의 그림은 〈아르놀피니 부부의 초상〉(1434)으로 알려져 있습니다. 결혼을 소재로 한 기이한 그림으로, 그의 가장 유명한 작품 중 하나이기도 합니다. 완벽하리만큼 실감적 묘사가 뛰어나기도 하지만 무엇보다도 이 그림을 기이하게 만드는 것은 두 인물을 그린 화가 자신, 즉 이 결혼식의 증인 또는 관찰자가 그림 안에 드러나 있다는 점이

〈아르놀피니 부부의 초상〉
(출처: 왼쪽 @Getty Images, 오른쪽 @Wikimedia Commons)

아닐까 합니다.

오른쪽 그림은 왼쪽 그림 안에 있는 거울을 확대한 것으로, 거울 안에는 이 결혼식을 지켜본 목격자 내지는 화가의 시선이 드러나 있습니다. 시점을 가진 인물이 그대로 드러나 있다고 할까요? 이건 마치 항상 바라보는 대상만이 드러나는 그림에서, 관찰자가 자기 자신을 드러내고 싶

언어라는 세계

〈몽유도원도〉(일본 덴리대학 중앙도서관 소장)

은 바람을 구현해낸 게 아닌가 싶습니다. 평상시에는 가능
하지 않은 일, 즉 바라보는 시점이 그 바라보는 대상 안에
포함되는 일이 구현된 셈이죠. 어쨌든 이 그림에서도 시점
은 고정되어 있으며, 고정된 시점을 기준으로 대상이 객관

적으로 묘사되고 있다는 사실은 변함이 없습니다.

한편, 동양화의 경우에는 예부터 여러 시점에 의한 대상을 한 폭의 그림에 담는 일들이 비일비재했습니다. 고정된 객관적 시점이 반드시 전제되는 것은 아니었던 거죠.

고정된 시점을 고집하지 않음으로써 사물의 전면, 후면뿐 아니라 사계절을 한 폭에 담는 일이 가능해진 것입니다. 같은 시대에 공존 가능한 여러 사물들을 한 폭에 담음으로써 중요하다고 느끼는 부분은 확대하고, 사소하다고 생각되는 부분은 축소하여, 먼 사물도 가깝게 그릴 수 있었던 것입니다.

위(88~89쪽)의 그림은 안견의 〈몽유도원도〉(1447)입니다. 그림을 잘 살펴보면 왼쪽은 평평한 눈높이의 시선으로, 중앙 부분은 계단식 언덕 묘사에서 알 수 있듯이 아래에서 위로의 시선으로, 그림의 오른쪽은 위에서 아래로의 시선을 중심으로 묘사되어 있습니다.

그렇지만 이런 그림과 달리 언어로 구현되는 시점은 장소를 표현하기 위해서는 기준점, 즉 바라보는 지점이 일단 고정되고, 그를 중심으로 기술이 이루어지게 마련입니다. 바라보는 지점은 인물의 눈이 되고 대부분의 장소 표현은 그 인물에 의해 기술되는 것이 보통입니다.

물론 구구이미티르어 사용자들은 본인들의 위치를 중심으로 장소를 지정하여 말하지는 않습니다. 앞에서 살펴보았듯이 동서남북과 같은 방위 체계를 기준으로 사물의 위치나 장소를 기술합니다.

그림에서만큼은 아니지만 언어를 기술하는 데 있어서도 사물의 위치를 확인하는 시점이 다양할 수 있으며, 우리의 언어는 다양성을 반영하는 거울 그 자체임을 마음에 잘 새겨야겠습니다. 장소 표현에서 결정적인 역할을 하는 시점 역시 당연시해서는 안 될 테고요.

움직임, 방향, 시점

장소에 대한 명칭뿐 아니라 움직임에도 시점이 반영되어 있는 경우가 있습니다. 그러니까 동작을 나타내는 말에도 시점이 이미 전제되어 있다는 뜻이죠. 같은 움직임도 어디서 보느냐에 따라 움직임을 가리키는 동사가 다양해질 수 있는 경우를 떠올려보면 이해하기 쉬울 것입니다.

다음의 그림을 보시죠.

언어라는 세계

(나) ↙

(가) ↗

(가) 위치에서 시선을 두고 있는 이에게 사다리 위에 있는 사람의 행동은 어떻게 표현될 수 있을까요? 움직임을 나타내는 한 단어 □□□□로 표현해볼 수 있을 듯합니다. □□□□를 채워보시죠. (나) 위치에서 시선을 두고 있는 이에게 사다리 위에 있는 사람의 행동은 어떻게 표현될 수 있을까요? 이 역시 움직임을 나타내는 한 단어 □□□□로 표현해볼 수 있을 듯합니다.

네, 그렇습니다. 여러분의 짐작대로 (가) 위치에서 시선을 두고 있는 이에게 사다리 위에 있는 사람의 행동은

'올라가다'라고 표현될 것이고, (나) 위치에 있는 이에게 사다리 위에 있는 사람의 행동은 '올라오다'라고 표현될 테죠. 여기서 '올라가다'와 '올라오다'에는 알게 모르게 관찰자의 시점이 이미 고정되어 있다는 것을 알 수 있습니다.

그런데 '올라가다'에서처럼 '단어'에 관찰자의 시점이 반영되어 있는 경우도 있지만 '문장'에도 특정한 시점이 일정 부분 반영되는 경우도 있습니다. 여러분은 다음 두 문장의 차이를 어떻게 생각하시나요?

할아버지, 아버지께서 아직 안 돌아오셨습니다.
할아버지, 아버지가 아직 안 돌아왔습니다.

이 두 문장의 차이를 설명하는 방법은 여러 가지일 수 있습니다. 첫 문장은 말하는 사람이 아버지와 할아버지 모두를 자신의 위치로부터 높이고 있습니다. 두 번째 문장에서는 첫 문장과 달리 말하는 사람이 아버지를 대하는 할아버지의 입장 또는 시점을 고려하여 말을 하고 있습니다. 두 번째 문장의 '안 돌아왔습니다'는 첫 문장과 똑같은 시점에서라면 '안 돌아오셨습니다'가 되어야 할 것입니다.

언어라는 세계

'-시-'를 포함시킨 '안 돌아오셨습니다'가 전적으로 말하는 사람이 본인과 아버지의 관계만을 생각한 결과 나온 말이라면, '-시-'를 포함시키지 않은 두 번째 문장의 '안 돌아왔습니다'는 말하는 사람이 본인이 아닌 할아버지(듣는이)와 아버지의 관계를 고려하되, 특히 할아버지의 시점에서 아버지의 행동이 어떻게 인식될 것인가를 고려하여 말한 문장입니다. 할아버지 입장에서는 아버지의 행동에 '-시-'를 붙여 존대할 이유가 없으므로 '안 돌아왔습니다'가 되는 것이죠.

이와 유사한 현상은 도처에서 발견할 수 있습니다. 최근 우리 주위에서 "주사가 들어가십니다"와 같은 표현을 종종 듣게 되는데, 때로는 이 표현이 우리 시대의 병폐로까지 취급되는 것 같습니다. 문법에 맞지 않는다느니, 왜 이렇게까지 언어가 오용되고 있는지 모르겠다느니 하는 비판과 한탄이 뒤섞인 반응들이 많습니다.

솔직히 "주사가 따끔하실게요"와 같은 표현을 병원에서 들을 때마다 황송하면서도 어딘가 불편한 느낌이 드는 게 사실입니다. 그런데요, 우리를 불편하게 하는 이러한 표현 역시 우리가 지금 이야기하는 장소, 시점과도 일정

부분 관련이 있습니다.

"주사가
들어가십니다"

일단 "주사가 들어가십니다"가 문제시되는 것은, '주사'가 '할아버지'처럼 존대의 대상이 될 수 없음에도 존대의 대상이 되어 그것을 서술하는 말에 '-시-'가 포함된 '들어가십니다'가 되었다는 점 때문일 겁니다. 그런데 잘못은 지적할 수 있습니다만 애초 사람들은 왜 이런 잘못된 표현을 하게 된 것일까요? 한두 사람도 아니고 병원에서 근무하는 간호사들 대다수가 왜 하필이면 환자들에게 이런 종류의 말실수(?)를 하게 되는 걸까요? 그 배경을 살펴보면 흥미로운 점들을 발견할 수 있습니다.

우선 여기서 거론되고 있는 '주사'가 그냥 '주사'가 아니라는 점에 주목해야 할 것 같습니다. 무슨 말이냐고요? 지금 이 '주사'는 청자, 즉 대부분의 경우 말을 듣는 사람인 환자의 몸에 들어갈 '주사'를 말합니다. 환자는 간호사의

언어라는 세계

입장에서는 존중되고 존대되어야 할 존재이며, '주사'는 그러한 존중되어야 할 인물에게 주입되어야 할 '주사'인 것입니다.

이즈음 떠오르는 문장이 하나 있습니다. '할아버지가 손이 크십니다'와 같은 문장입니다. 이 문장에서 '손'은 아무나의 손이 아니라 말하는 사람의 존중을 받는 대상인 할아버지의 손, 즉 존대 대상인 할아버지의 신체 일부입니다. '손이 크십니다'의 '손'은 존중받아야 할 할아버지의 '손'이기에 할아버지와 유관한 '손' 자체가 존중의 대상이 되고, 그 결과 '큽니다'가 아닌 '크십니다'가 사용되는 것입니다.

환자를 존중해야 할 간호사에게 '주사'는 할아버지의 '손'과 같습니다. 즉 무작위의 '주사'가 아니라 '환자'의 몸 일부로 들어갈, 그리하여 주사가 주입되는 순간 존중받는 환자의 몸의 일부가 될 '주사'인 셈입니다. "주사가 들어가십니다"에서의 '주사'도 그것이 환자의 몸 '일부'로 여겨졌기에 그런 현상이 발생한 것이죠. 간호사 입장에서 변명을 하자면 간호사는 죄가 없습니다. 과하게 공손함을 표현한 것이 죄라면 모를까요.

존경과 관련하여 마땅히 환자에게 머무를 '시점'이 환자가 맞을 '주사'로 이동됨으로써 결과적으로 '주사'가 존경의 대상이 되는 "주사가 들어가십니다"와 같은 표현을 이 땅의 많은 간호사들로부터 듣게 된 것입니다.

한편, 존중받고 존경받아 마땅한 이의 신체 일부 또는 소유물에 대해 존대를 표하는 언어 표현은 이미 수백 년 전부터 한국어 안에 존재해왔습니다. 15세기에 창제된 한글로 많은 책들이 간행되었는데, 불경을 한글로 번역한 책들을 보면 다음과 같은 표현들이 한 페이지 걸러 한 개씩 나올 정도입니다.

부텻 몸, 부텻 일, 부텻 말…

'부텻 몸'이란 '부처의 몸'이란 뜻이고, '부텻 일'이란 '부처의 일'이란 뜻이며, '부텻 말'이란 부처의 말씀이란 의미입니다. 현대 한국어에서 '~의'에 해당하는 것이 옛날에는 '-ㅅ'이었는데요, '부텻 몸'을 예로 들자면 '부텨+ㅅ+몸'의 구조로 해석할 수 있습니다. 이 시기에는 '부텨'와 같이 존귀한 존재와 그와 연관된 몸, 일, 말 등을 표현하기 위해 존귀한 대상 뒤에 '~의'가 아닌 '-ㅅ'이라는 특이한 조사를 결합시켰습니다. 즉 '-ㅅ'은 존귀한 존재의 일부 또는 소유물을 나타내기 위해 사용된 특별한 표지였다고 할 수 있겠습니다.

존대되어야 할 존재뿐 아니라 그의 신체 일부와 소유물까지 의식하고 식별하여 표현해낸 것, 과거에서 현재에 이르기까지(특히 현대에 있어서는 주삿바늘에 이르기까지) 끊임없이 존대 대상을 의식하여 언어로 표현해내려 한 부단한(?) 노력, 그것이 "주사가 들어가십니다"에 그대로 스며들어 있는 것입니다.

옳고 그름이라는 단순한 규범성의 잣대로 "주사가 들어가십니다"를 평가하기엔 과거에서 현재에 이르기까지 이어져온 한국인의 의식 세계가 그리 간단하지는 않은 것 같습니다. 그저 무조건 간호사들의 말씨를 이상하다고 폄하할 일만은 아니라는 거죠. 네, 한국어에는 오래전 한국인으로부터 현대의 한국인에 이르기까지 공유되어온 무언가가 있는 것 같습니다. 이제는 간호사의 "주사가 들어가십니다"에서 그 뭔가의 실체를 여러분도 어렴풋하나마 짐작하실 수 있으시겠지요?

3.

침묵의
언어

입으로 내뱉은 말

많은 날에는

마음 한구석이 왠지

허허롭고 편치 않다

앞으로 남은

세월에는

입은 바위처럼 무겁게

귀는 대문처럼 활짝 열고

마음은 깃털같이 가볍게
하루하루 살아야지

가슴속 깊이
푹 익은 얘기
말없이 눈빛으로 말해야지

_정연복, 〈묵언〉 중에서

침묵으로, 오로지 눈빛으로 말을 건넬 수 있는 이가 비단 시인만은 아닙니다. 침묵은 메시지이고 발언이고 소리 없는 아우성이라 할 수 있습니다. 물리적인 소리의 파동이 없다고 발언이 아니라고 볼 수는 없는 거죠. 네, 침묵은 분명 특정한 내용을 담은 '발언'입니다.

박노해 시인은 침묵의 힘을 가지지 못한 자는 말의 힘을 가지지 못한다 하였으며, 침묵이 말을 하며 침묵이 소리친다고 한 바 있습니다. 발언으로서의 침묵의 의미를 시인들은 누구보다도 잘 알고 있는 것 같습니다.

그런데요, '발언'으로서의 침묵은 문화마다 다른 뜻으로 해석되기도 합니다. 또 같은 문화권에서도 상황에 따라 침묵의 무게가 달라지기도 하고요. 이렇게 침묵이 금인 경우도 있지만 금이 아닌 경우도 있습니다. 도대체 어떤 경우에 침묵이 금이라고 할 수 있을까요? 침묵이 금이 아닌 경우는요?

침묵이 금인 경우와
금이 아닌 경우

누군가 여러분에게 "진짜 멋지세요"라고 말한다면 여러분은 어떻게 반응하시겠어요? 아마도 여러분 중 상당수는 부끄러운 듯 침묵을 지키거나 또는 배시시 겸연쩍게 미소를 지을지도 모르겠습니다. 적어도 "그래요, 고마워요"라고 대뜸 답하는 사람은 많지 않으리라 생각합니다.

한국인들은 대개 칭찬에 대해 구체적으로 반응하는 것에 익숙하지 않다는 데 대다수의 학자들이 동의하고 있습니다. 그러니까 누군가가 당신에 대해 멋지다고 말할 때

재깍 고맙다고 반응하는 사람은 그다지 많지 않다는 것입니다.

이처럼 한국인들이 칭찬에 대해 침묵하는 쪽을 택하는 것은, 칭찬에 대한 구체적인 반응을 하는 것 자체가 그것을 인정하거나 수용하는 것을 전제하기 때문입니다. '겸손'을 미덕으로 생각하는 우리 사회에서 자신에 대한 칭찬을 인정하고 수용하는 자세를 겉으로 표현하는 것, 분명 누구나 어색함을 느낄 만하기에 '무반응'을 택하는 것인지도 모르겠습니다. 물론 요즘 젊은 세대들은 자기광고 내지는 과시를 자연스럽게 여기기에 이런 표현 방식에 세대 차는 분명 있으리라 생각합니다.

그렇다면 한국을 비롯해 동양권, 특히 유교 문화권에서는 이런 경우 '침묵은 금'이라고 말할 수도 있겠지요. 노자는 "아는 자는 말하지 않고 말하지 않는 자는 알지 못한다"라 했는데, 아는 자가 말하지 않는다는 말 역시 침묵을 옹호하는 말이 아닐까 싶습니다.

반면, 핀란드와 같은 일부 나라를 제외한 서양 문화권에서는 칭찬을 했을 때 상대방이 이에 대해 침묵을 지키는 것을 오히려 무례하다고 여깁니다. 침묵은 상대방의 말에 대한 '무시' 내지는 '부정'으로 여기기 때문입니다. 그러니 대부분의 서양권 나라에서는 '침묵은 금'이라고 말하기가 어렵겠지요.

그런데 말입니다, 단순히 문화권별로 침묵이 '금'인지 아닌지 정도를 넘어서 심지어 '독'이 되는 경우도 있다고 합니다. 특히 공유된 위험 상황, 결정 상황, 친교 상황에서는 그 파장과 여파가 극적이기까지 한다는데, 과연 어떤 경우에 그러할까요?

침묵이
독인 경우

1990년 158명이 탑승한 콜롬비아발 뉴욕행 비행기가 착륙 지연으로 JFK 공항 코앞에서 허드슨강에 추락하여 탑승객 75명이 사망한 사건이 일어났습니다. 우리나라 신문에도 대서특필되었던 것을 보면 국제적으로도 매우 엄청난 사건이었던 것 같습니다.

다음은 당시 한 신문에 실린 기사입니다.

승객과 승무원 143명을 태우고 콜롬비아의 보고타를 출발, 뉴욕의 케네디 국제공항에 착륙하려던 콜롬비아 아비앙카항공사 소속 보잉 707 여객기가 25일 밤 뉴욕시 동부의 숲지대에 추락, 50여 명 이상의 사상자가 발생한 것으로 보인다고 미 경찰이 발표했다. 경찰은 이 비행기가 안개가 짙게 깔리고 비가 내리는 악천후 속을 비행하던 도중 이날 하오 9시 45분께(현지시간) 엔진 작동이 멈춰 케네디 공항에서 동북쪽으로 25km 떨어진 인적이 드문 숲지대에 추락했으며 추락하는 순간 충격으로 동체가 네 조각으로 부서졌다고 밝혔다. 경찰은 구급차와 헬기를 동원, 사고 현장으로 구조 작업을 벌이고 있으나 정확한 사상자의 수는 밝혀지지 않고 있다. 한 목격자는 "이 비행기가 추락하기 직전 연기가 나고 불꽃이 튀는 등 이상한 현상은 없었으나 매우 낮은 고도로 비행하고 있었으며 엔진 소리도 들리지 않았다"고 밝혔다.

지난해 11월에도 아비앙카항공사 소속 보잉 727 여객기가 보고타 공항을 이륙한 직후 추락, 승객과 승무원 107명 전원이 사망하는 사고가 발생한 바 있으나 콜롬비아 공항 당국은 이 사고가 콜롬비아 마약 단체에 의한 폭탄 테러에 의한 것이라고 주장했다.

_〈한국경제〉, 1990. 1. 26.

기사에는 나타나 있지 않지만 후에 이 사고의 원인을 조사한 결과 '연료 부족'에 의해 비행기가 뉴욕 공항에 제 때 착륙하지 못한 것으로 드러났습니다. 여기서 궁금증이 생깁니다. '대체 연료가 다 떨어질 때까지 이 비행기의 조종사와 부조종사는 무엇을 했을까' 하는 궁금증 말입니다.

나중에 밝혀진 바에 따르면 뉴욕 공항 관제탑과의 교신을 담당한 이는 콜롬비아인 부조종사였는데요, 마지막 순간까지 '위급 상황', '바닥난 연료', '착륙 우선권'과 같은 표현을 관제탑에 전혀 언급하지 않았다고 합니다. 그러니까 위험과 재난 상황을 알려야 하는 급박한 상황에서 부조종사의 끈덕진 '침묵'이 대형 참사를 초래하고 말았던 것이죠.

그런데 왜 이 같은 상황이 벌어진 걸까요? 실제로 뉴욕 공항은 항공기의 이착륙이 워낙 빈번하다 보니 착륙 허가를 얻기가 쉽지 않았다고 합니다. 게다가 관제탑은 늘

고압적인 분위기에 비협조적이기로도 유명했고요. 한마디로 관제사와 조종사 간의 관계가 갑과 을의 관계와 비슷했다는 거죠.

당연한 얘기지만 이런 관제사들의 권위적 분위기 또는 상대방의 메시지를 제대로 청취하지 않는 경향이 만연해 있다 해도 항공기를 책임지는 부조종사라면 어떤 상황에서든 위급 상황을 제대로 알려 연료 부족이라는 황당한 사유로 여객기가 추락하는 사태는 막았어야 하지 않을까요?

위와 같은 사례는 때에 따라 필요한 말을 상대방에게 전달하는 것, 이 평범한 소통의 행위가 얼마나 중요한 일인지를 가슴 깊이 깨닫게 해줍니다. 죄 없는 '침묵'을 '독'으로 만들지 않기 위해서도 말이죠.

침묵과
권력간격지수

침묵과 같은 보이지 않고 들리지도 않으며 가시화하기 어려운 '발언'으로서의 의미와 그 가치가 문화권마다 다르다는 것을 알아채는 일은 쉽지 않습니다. 그렇다면 드러내 말하기도 어려운데 혹시 계량화하여 비교하는 일은 가능할까요?

과감하게도 이러한 일에 도전한 사람이 있었는데요, 바로 네덜란드의 사회학자 게르트 홉스테드Geert Hofstead가 문화권별 의사소통 태도의 차이를 수치화하여 비교한 바 있습니다. 홉스테드는 IBM 인적자원 관리부서에서 일하다가 직원들이 저마다 출신 문화권에 따라 상급자에게 본인의 의사를 정확하게 전달하거나 침묵하는 정도가 제각각인 점을 발견하고, 그 정도를 계량화하여 문화권별로 그 차이의 양상을 실증적으로 밝혀냈습니다. 그가 주목한 문화권별 차이의 양상은 권력간격의 차이, 개인주의와 집단주의의 차이, 남성성과 여성성의 차이, 불확실성 회피에 있어서의 차이, 장기 지향성과 단기 지향성의 차이 등입니다.

권력간격지수Power Distance Index, PDI란 어떤 집단 안의 권력 불평등을 하급자들이 용인하는 정도의 지수를 말합니다. 권력간격의 차이가 크면 클수록 상하 관계나 위계 관계의 위력이 큰 집단이라 할 수 있습니다.

개인주의와 집단주의의 차이란 예를 들면 한 집단이 개인을 우선시하느냐 집단을 우선시하느냐의 정도 차를 말하는데요, 집단주의가 강할수록 내부 집단에 대한 충성도와 결집도가 강하게 나타납니다.

또한 남성성의 가치가 재산과 지위, 권력 등을 강조한다면, 여성성의 가치는 사람 간의 유대 관계와 삶의 질, 안정 등을 강조하는 가치를 말합니다. 이때 특정 집단에 어떤 가치가 더 주도적으로 투영되느냐가 남성성과 여성성을 가르는 판단 기준이 됩니다.

불확실성 회피 지수는 상황의 모호성이나 불확실성을 회피하고자 하는 정도로, 이 지수가 높은 경우 보다 더 권위주의적 집단이 될 가능성이 크다고 합니다. 이 지수가 높은 집단은 늘 집단 내 상위자가 뭔가 확실하게 명령을 내려야 움직이므로, 개인이 능동적으로 불확실성을 제거하려는 시도는 거의 일어나지 않는다고 합니다.

그런가 하면 장기 지향적 문화에서는 저축, 끈기, 지위 관계 등을 통해 장기적 성과를 이루려는 성향이 강하며, 단기 지향적 문화에서는 절약이나 인내와 같은 것에 대해 상대적으로 관심이 적은 성향을 보인다고 합니다.

이쯤해서 다시 '침묵'의 이야기로 돌아가보겠습니다. '침묵'은 당연히 대화 참여자 간의 서열 관계가 존재하는 상황에서 권력간격지수가 높을 때 발생하는 경우가 많을 수밖에 없습니다. 특히 권력간격지수가 높은 집단 내 구성원이 침묵하는 이유는 여러 가지를 꼽을 수 있는데요, 한국의 회사 내 침묵에 관한 최근의 조사에 따르면 '기분이 나빠서', 소신 있는 발언으로 왕따 될까봐', '틀리게 말해서 부정적인 평가를 받을까봐', '윗사람에 대한 복종이 미덕이므로' 등이 집단 구성원들이 침묵을 택하는 이유였습니다.

여기서 침묵을 하는 여러 이유 가운데 '윗사람에 대한 복종이 미덕이므로'라는 답변은 전형적인 권력간격에 의해 빚어진 것이라 할 수 있겠습니다. 앞서 비행기 추락사건도 관제탑과 부조종사 간의 권력간격에 의한 소통 부재가 원인이었고요. 권력간격에 의한 침묵이 심지어 '재난'으로까지 이어진다는 점은 우리에게 '침묵'의 의미에 대해 다시 한 번 생각하게 합니다.

언어라는 세계

모두에게 같은 몸짓,
모두에게 다른 몸짓

손을 휘두르거나 고개를 꾸벅하는 등의 행위를 일컬어 '몸짓언어'라고 하는데요, 소리가 없다는 점에서 몸짓언어는 침묵과 닮았습니다. 어찌 보면 몸짓언어는 소리가 없는 침묵 언어의 또 다른 종류라고도 할 수 있죠. 소리가 배제된다는 점만 고려하면 말입니다. 물론 의사 표현을 할 때는 몸짓언어만 취하는 경우도 있지만 몸짓언어에 소리 언어를 얹어 동시에 발화하는 경우도 있습니다.

문화권마다 침묵의 가치가 다 다르듯이 몸짓언어는 종종 불필요한 오해나 충돌을 불러일으키기도 합니다. 이를테면 우리나라로 시집온 외국 출신의 며느리가 눈을 똑바로 쳐다보며 이야기하는 바람에 시어머니가 며느리를 더욱 구박하게 되었다는 이야기는 더 이상 소소한 에피소드에만 머물지 않습니다. 현재 우리가 맞닥뜨린 그대로의 현실인 거죠. 눈으로의 몸짓언어는 그저 눈을 똑바로 부릅뜨는 정도로만 그치지 않습니다.

다음의 사진 속 인물은 음성이 아니라 표정이라는 몸

짓언어로 말을 하고 있습니다. 이 인물의 표정에서는 무엇을 읽을 수 있을까요?

우리가 몸짓언어라고 구분하는 '비언어적 행위들'은 몸과 관련 있는 직접적인 것에만 국한하지 않습니다. 클레어 레인스Claire Raines와 라라 어윙Lara Ewing과 같은 학자들은 몸짓언어를 포함한 비언어적 행위들을 '소리언어', '물체언어', '몸짓언어'로 세분화하기도 합니다.

비언어적 행위로서 '소리언어'는 사전적 의미를 담고 있지 않은 것으로, 여기에는 한숨이나 감탄사, 침묵, 소리의 높낮이, 강세, 빠르기, 억양 등이 해당됩니다. 이에 비해

언어라는 세계

'물체언어'는 의상, 화장, 머리 스타일, 휴대 물품, 착용 액세서리 등을 통해 드러나는 무언의 발언입니다. '몸짓언어'는 음성언어 이외에 인간의 신체를 활용하여 표현되는 언어라고 할 수 있겠습니다.

눈짓 하나 몸짓 하나에도 인간의 반응은 매우 다양하게 때로는 예기치 않게 격렬히 나타날 수 있는데요, 사실상 이러한 몸짓언어는 아주 소소한 사례에서도 확인할 수 있습니다. 태국인들은 손을 모아 기도하는 식으로 합장을 하면서 약속 장소에 들어서는데, 그들에게 이 몸짓은 정중한 인사의 표현 방법입니다. 즉 이를 단순히 신성한 종교적 몸짓이라고만 단정하기는 어렵습니다. 또 아랫사람이 윗사람에게 먼저 하는 것이 일반적이고요. 이러한 합장식 인사 방식은 캄보디아에서는 더욱 정교화되어 같은 합장이라도 상대방이 친구냐, 윗사람이냐, 아랫사람이냐에 따라 각각 방식이 달라지기도 합니다.

말소리의 강도 역시 문화적 맥락에 따라 차이를 보입니다. 태국인이나 캄보디아인들의 소곤거리는 말투는 자신감 결여의 표징이 아니라 그들만의 익숙하고 전형적인 특징이며, 상대가 이러한 말투에서 벗어나면 오히려 눈살을 찌푸린다고 합니다.

조금 방향을 달리하는 이야기이지만 최근 인공지능이 우리 사회 곳곳에서 활약(?) 중이라고 합니다. 만약 인공지능이 어떤 회사의 면접관일 경우 면접 응시자가 소곤거리며 질문에 답을 한다면, 일단 나쁜 평가를 내릴 수도 있을 것 같습니다. 이런 상황에서 태국인이나 캄보디아인들의 소곤거리는 말투도 대답의 내용과는 별개로 이 면접 인공지능의 테스트에서는 부정적인 영향을 끼치지 않을까요? 과연 이것이 바람직한 상황일까요?

여기서 제기한 비언어적 의사소통과 관련한 문제가 그저 이론에만 그치지 않는다는 것은 최근 경기도의 한 기업에서 실제로 인공지능 면접 프로그램을 개발하고 테스트한 것만으로도 알 수 있습니다. 이 인공지능이 지원자를 테스트한 후 면접 반응 패턴을 기업 내 우수 사원의 인공지능 면접 결과 반응 패턴과 얼마나 비슷한지를 비교하는 것이죠. 면접 과정에서 표정, 음성 등에 대한 반응 패턴이 확인되었는데, 체험자들의 의견에 따르면 좋은 평가를 받기 위해 가장 신경 써야 할 부분은 '표정'으로, 절대 입꼬리를 내려서는 안 된다고 합니다.

그런가 하면 어떤 체험자는 면접 내내 입꼬리를 올리거나 내리거나 하는 등 표정에서 별 차이를 보이지 않자 대체로 활기가 없다는 평가를 받았다고 합니다. 이 인공지능은 얼굴에 64개의 포인트를 두어 눈 깜빡임, 안면 근육을 비롯해 지각하지 못하는 얼굴 근육의 세밀한 부분까지 분석했는데, 웅얼거리는 말투의 경우에는 기본적으로 낮은 평가를 내렸습니다.

동공의 수축과 확장 역시 예외는 아닙니다. 관련 연구에 따르면, 특정 장면에 대해 남성과 여성이 동공의 수축과 확장에서 정도의 차이를 보였는데, 여성은 아이와 엄마가 등장하는 장면에서 동공이 가장 많이 확대되는 반면 남성은 여성, 특히 눈이 큰 여성이 등장하는 장면에서 동공이 가장 많이 확대되는 양상을 보였다고 하네요.

동공을 수축하거나 확대하는 것은 의식적으로 통제하기가 매우 어려운 몸짓언어입니다. 만약 어떤 특정 직책에 적합한 자격을 갖춘 사람을 선발하는 인공지능이 이미 그 직책을 수행하고 있는 이들의 얼굴에 드러난 감정적 표현이나 동공의 수축 및 확대의 정도를 데이터화하여, 그 직책에 적절한 자격자를 선발할 때에도 이를 계산에 적용시

킨다면 어떠할까요? 통제되기 어렵거나 또는 배경 문화에 따라 각양각색인 표정과 동공 관련 비언어적 모습들이 인공지능의 결과 값에 영향을 미칠 수 있지 않을까요?

인공지능 앞에서 지원자의 시선 처리, 머뭇거림, 말의 속도 및 강도, 몸짓, 착용 의상이나 액세서리 등은 데이터로 인식되고, 그것이 전형성에서 비껴날 때 인공지능이 그것을 어떤 방식으로 처리할지에 대해서도 생각해볼 필요가 있을 것 같습니다. 어쩌면 내가 통제할 수 없는 나의 본능적 행동으로 인해 이제는 인공지능의 눈치를 살피면서 살아야 할지도 모르겠습니다.

"제정신이니?" 대
"생각 좀 더 해봐"

찰스 다윈은 일찍이 《인간과 동물의 감정 표현》에서 인간 얼굴의 감정 표현은 오랜 진화의 산물이라 했습니다. 얼굴에 나타난 감정 표현이 그러하다면 그 감정 표현에 의한 얼굴 표정 역시 쉽게 교정되기는 어려울 것입니다.

특정 지역에서 무심하게 또는 중립적으로 여겨지는 얼굴 표정이 다른 지역에서는 무뚝뚝하거나 화난 표정으로 해석될 수도 있습니다. 인공지능이 어느 특정 문화권의 특정 유형의 표정을 계산 결과 값의 전형성으로 파악하고 이를 중심으로 면접의 합격 여부를 처리한다면 그 결과에 따라 어떤 이는 진화의 산물인 얼굴 표정에 의해 면접에서 탈락되는 불이익을 받을 수도 있겠죠. 단순히 가능성으로만 생각하기엔 현재 인공지능의 발전 속도가 놀랍도록 빠른 것이 사실입니다.

그런가 하면 상대방의 질문이나 제안에 대해 고개를 끄덕이는 몸짓언어는 상당히 보편적인 것이라 생각하기 쉽습니다. 특히 한국 사람들에게는 긍정의 의미를 갖고 있지요. 그렇지만 의외로 그리스와 같은 언어 문화권에서는 고개를 끄덕이는 몸짓언어가 부정의 의미를 띠기도 합니다. 고개를 끄덕이는 것과 같이 모든 문화권에서 매우 보편적으로 사용되는 몸짓언어조차 그 의미가 다르게 읽힌다는 것은 몸짓언어의 상당수가 문화의 영향으로 생후 습득된다는 것을 말해줍니다.

소리가 얹어지지 않은 몸짓언어는 의사소통에서 문제

를 일으킬 우려가 있습니다. 사실 이와 관련된 사례는 셀 수 없이 많은데, 대표적으로 엄지와 집게손가락으로 동그라미를 그려 보이는 몸짓언어가 그렇습니다. 우리 문화권에서는 돈을 의미하지만 프랑스 언어 문화권에서는 가치가 없다거나 완벽하다는 식으로 문맥에 따라 상반되게 읽히기도 합니다. 그리고 미국 문화권에서는 완벽하다거나 오케이라는 긍정적 의미로 읽히기도 하죠. 결국 이 사소한 손가락 몸짓언어가 서로 다른 문화권에서 온 사람들 사이에 의사소통 장애를 가져올 수도 있을 정도입니다.

여러분은 상대방이 위의 그림과 같은 몸짓언어를 보

인다면 어떤 기분일 것 같나요?

한국인들에게 관자놀이 근처에서 손으로 동그라미를 그려 보이면 상대방의 정신 상태가 의심된다는, 이른바 대단히 무례한 의미로 받아들여집니다. 누군가가 여러분의 말을 듣고 나서 이러한 몸짓언어를 해 보였다면 아마 금방 불쾌해질 것입니다.

그런데요, 이와 같은 몸짓언어가 중국인들에게는 해당 사안에 대해 조금 더 생각을 해보라는 권유의 의미로 받아들여지기도 합니다. 즉 부정적인 의미가 전혀 내포되어 있지 않습니다. 이런 경우 이 몸짓언어가 가지는 의미를 제대로 알지 못하면 상대방의 의도를 오해할 수밖에 없습니다. 의사소통에서 충분히 문제가 될 수 있는 상황이 일어날 수 있는 거죠.

이러한 사례들을 보면, 다른 어떤 언어보다 몸짓언어의 경우 문화와 맥락을 고려하지 않으면 정반대로 해석될 수 있는, 미묘한 측면이 있다는 사실을 깨닫게 됩니다. 동일한 몸짓이라도 문화권에 따라 다른 의미를 가지며 심지어는 같은 언어권 안에서도 문맥에 따라 동일한 몸짓이 상이한 뜻으로 읽힐 수 있다는 것은 타인의 몸짓조차 조심스

럽게 그리고 편견 없는 눈으로 바라봐야 한다는 것을 일깨워줍니다. 옆 사람의 몸짓을 조금 더 관대하게 바라볼 필요가 있다는 것이죠.

결혼 이주 여성, 이주 노동자, 귀국 동포(조선인, 고려인 등), 중도 입국 자녀, 탈북자 등 다문화 배경 화자들의 인적 구성이 나날이 다양해지고 있는 요즘, 이러한 한국어 몸짓 언어가 갖는 의미는 더욱 다채로워질 수밖에 없을 것 같습니다. 특히 인공지능 시대에 다문화 배경 화자들의 몸짓언어에 대한 인식이 좀 더 개별적으로 이루어져야 할 필요성을 절실히 느낍니다. 이러한 언어문화 배경의 다양성, 한국어 의사소통의 특성 등이 종합적으로 고려될 때 비로소 면접을 주관(?)하는 인공지능의 최종 결과 값은 차별이 배제되고 공정을 지향하는 결과 값으로서 우리 모두가 신뢰할 수 있으리라는 생각이 듭니다.

4.

비밀의
언어

은폐와 전달,
동전의 양면

자신의 속마음을 다 드러내놓고 살아가는 사람은 없습니다. 마음을 드러내는 수단이 언어이고 말인데, 그 말이 그 말이 아닌 다른 말, 다른 뜻으로 읽히도록 하는 일에 애쓰는 경우도 허다합니다. 심지어 대화에서조차 의도적으로 말뜻을 알아듣지 못하게 하기도 하고요. 말은 의사소통을 위한 것인데 이게 대체 무슨 말일까요?

경우에 따라 말은 그 자체로 비밀 전달 혹은 정보 차단의 수단이 되기도 합니다. 하나의 언어 표현이 누군가에게는 정보를 은폐하기 위해, 또 다른 누군가에게는 배타적으로 정보를 전달하기 위해 사용된다는 겁니다. 특정 집단에 속하는 사람들이 사용하는 표현들이 대표적입니다.

로버트 드 니로 주연의 〈아이리시맨〉(2019)이라는 영화에는 다음과 같은 대사가 나옵니다.

"나는 네가 페인트칠을 한다고 들었어(I heard you paint houses)."

진정한(?) 마피아라면 이 말을 "나는 네가 살인청부를 한다고 들었어"라고 해석할 수 있어야 합니다. 이는 마피아들끼리만 서로 알아듣는 은어이기 때문입니다.

마찬가지로 이 영화의 또 다른 대사 "호주로 가버려(Go to Australia)"를 듣고 정말 호주로 가기 위해 짐을 꾸릴 마피아는 없을 것입니다. 눈치 빠른 마피아라면 이 말을 듣자마자 삼십육계 줄행랑을 쳐야 마땅하기 때문입니다. 마피아 세계에서 이 말뜻은 "살인해서 묻을 거야"라는 끔찍한 말이니까요.

언어라는 세계

이렇게 마피아처럼 특정 부류의 사람들 사이에서만 사용하는 말을 일컬어 은어라고 합니다. 그런데 왜 이러한 은어를 사용할까요?

일단 '은폐'하기 위해서입니다. 그러니까 특정 집단에 속하지 않은 보통 사람들이 말의 속뜻을 알아채지 못하게 하기 위해서입니다. 또 다른 이유는 마피아와 같은 특정 집단 사람들에게만 그 말뜻을 '전달'하기 위해서입니다. 결국 '은폐'와 '전달'은 동전의 양면처럼 은어의 본질을 이루는 거라 할 수 있겠죠.

은어란 유대감을 표시하는 일종의 특수어로, 한 집단의 유대감이나 동일한 집단의식 형성에도 막대한 영향을 끼칠 수 있는 사회적 힘을 가지고 있습니다. 은어를 잘 들여다보면 특정 집단의 결속력, 소속감, 구속력을 은어가 형상화하고 있을 뿐 아니라 그 집단의 사고 양상도 살펴볼 수 있습니다.

은어를 거의 일상적으로 사용하는 러시아 마피아들이라고 다를 것이 없는데, 이들의 은어는 심지어 상당히 체계화되어 있기까지 합니다. 그들의 은어는 감옥 관련 은어, 마약 거래, 문신 관련 은어들로 분류가 가능할 정도입니다. 러시아 마피아 단원이 되려면 새로운 언어를 습득하는 과정이 만만치 않을 것 같습니다.

그런데 은어는 이렇게 '어둠의 세계' 사람들 사이에서만 사용되는 것일까요? 꼭 그렇지만은 않습니다. 한국어에는 산에서 삼을 캐는 심마니들 사이에 사용되는 은어들이 있습니다. 엄청나게 많은 삼을 한꺼번에 발견하는 경우 심마니들은 단순히 "심봤다!"라고 외치기보다는 이렇게 외칩니다. "따적 났다!"

요새 유행어로 "대박 났다"와 같은 표현이겠죠. 심마니들의 연륜에 따라 소동마니(아동 심마니), 천둥마니(초보 심마니), 소장마니(청년 심마니), 어인마니(총책임자 심마니) 등의 은어로 서로를 부르기도 합니다. 삼 자체는 '부리시리', '부러시리', '뿌리시리' 등으로 부르기도 하고요. 심마니 은어의 어휘 수는 100여 개가 넘는 것으로 알려져 있습니다.

그렇다면 왜 심마니들은 은어를 발달시킨 걸까요? 앞에서 은어의 본질적 기능이 '은폐'와 '전달'이라고 했는데 일단은 귀중한 삼을 캐는 일련의 작업을 일반인들이 알아채지 못하게 하는 은폐의 목적이 있다고 할 수 있습니다. 산에 사는 산신도 알아채지 못하게 해야 할 정도로 은밀한 작업이 필수적이었을 테니, 홍길동이 아버지를 아버지라 부르지 못한 것처럼 삼을 삼이라 부르지 못하고 '부리시리'라고 에둘러 말했을 것임을 짐작할 수 있습니다. 역사적으로도 일제강점기에 대대적으로 산삼 채취를 제한했다고 하니 삼 캐는 작업은 그야말로 은밀에 은밀을 더해야 했을 겁니다.

은폐와 전달을 넘어 :
묶음과 전파

특정한 직업은 특정한 은어를 발달시키는 온상이 되기 쉽습니다. 부동산 중개사들 역시 자기들만의 비밀 언어를 발달시켜왔는데요, 다음과 같은 것들이 부동산업계의 비밀 언어들입니다.

교통, 까등계약, 깔세, 껍데기, 데두리, 도장값, 돌려치기, 딱지, 떡상, 떳다방, 떼분양, 똠방, 뚜껑, 뚜껑닫기, 마귀, 마바라, 메사끼, 명함아줌마, 몰빵, 반지 돌리다, 밟다, 복등기, 복부인, 붙박이 고정물, 산마이, 상황걸기, 센추리, 아도차기, 양타, 원장정리, 원출, 점포통장, 조개딱지, 족쟁이, 찍기, 출발, 출발시켜라, 칼집, 커미션, 폭탄분할, 피, 한강정모 등.

특이하게도 부동산업계의 은어들은 한마디로 설명하기 어려운 매우 복잡한 개념을 갖습니다. '깔세'만 하더라도 단기 임대차, 즉 '보증금이나 권리금 없이 시세보다 높은 월세를 한두 달치 미리 내고 주택이나 상가를 임차하는 것'이라는 뜻을 가집니다. 부동산업계의 은어가 복잡한 개념을 한 단어로 묶어주는 기능을 하는 셈이죠. '은폐'와 '전달'을 넘어 설명하기 어려운 상황이나 개념을 단순화시켜 한 단어로 정의하는 겁니다. 보통 은어는 부정적으로 인식되는 경우가 많지만 꼭 그렇게만 볼 필요는 없을 것 같습니다.

그럼에도 부동산 관련 은어는 적어도 은어가 생겨나게 된 계기에서 보자면 어두운 측면이 상당히 많습니다. '앙팡(아이파크)', '뿌셔뿌셔(재개발)', '유통기한(전매제한)'과 같은 은어는 최근에 양산된 것인데, 정부의 단속이 심한

SNS의 온라인 부동산 커뮤니티에서 정부의 눈을 속이기 위해 만들어낸 은어들이라고 합니다. 심지어 '○○부동산방'과 같은 채팅방 이름이 '○○맛집 탐방'과 같은 식으로 변경된 경우는 흔한 일이죠.

한편 은어의 은밀함은 때로는 전파 대상이 되어 일종의 유행어가 되기도 합니다. 사실상 은밀하다는 것은 특정 집단 내에서 철저히 지켜져야 마땅한 것인데, 그 은어가 전파되었다면 결국 은어의 본질인 은밀함이 사라진 거나 마찬가지인 셈이죠. 좀 헷갈리시나요?

증권업계에서 사용하는 은어 중 '떡상'이라는 단어가 있습니다. 그런데 이제 '떡상'은 그 업계에서만 전용되는 것이 아니라 요즘엔 보편적으로 '가치가 급격히 상승하다'란 뜻으로 사용되고 있습니다. '가즈아'도 증권업계나 투기업계에서 주로 '(투자)를 과감하게 하자'는 뜻으로 사용되었으나 최근에는 무엇이든 적극적으로 특정 방향으로 행동을 옮기자는 뜻으로 보다 대중적으로 쓰이고 있습니다.

'떡상'이나 '가즈아'가 본래는 특정 업계에서 사용되었다 하더라도 원래 뜻이 다른 맥락에서도 보편적으로 사용될 만한 뜻을 가지고 있기에 보다 그 사용 범위가 확대된 것이죠. 이는 의미적 측면에서 일반성을 획득한 경우로, 은밀함을 넘어 일반적인 속어 정도의 위상으로 발전하게 된 사례라 할 수 있습니다.

참고로 '가즈아'는 최근 외국인들의 가상화폐 채팅방에서도 사용 중이라 합니다. 그 채팅방에선 주로 'GAZUA'로 표기된다고 하는데, 가히 한류계의 떠오르는 스타 은어라 할 만합니다.

그런데 '가즈아'나 '떡상'이 어디에서 온 말인지 궁금하지 않나요? '가즈아'는 '가자'에서 왔을 것이 거의 확실합니다. 그러면 '떡상'은 어디서 온 말일까요? '떡상'의 '떡'은 떡가루에서 왔거나 '떡 벌어진 어깨'의 '떡'에서 기원했고, '상'은 '상승'이라는 한자어에서 왔다는 설이 있습니다만 근거가 명확한 것은 아닙니다. 만약 이러한 설이 맞다면 '떡상'은 순우리말인 '떡'과 한자어인 '상'이 합쳐진 일종의 혼효어(혼성어)라고 할 수 있겠네요. '떡상'에 비하면 '가즈아'는 기원이 보다 투명하게 설명되는 편이고요. 어쨌든 '가즈아'의 세계 전파는 한국 은어계의 쾌거(?)라 말할 수도 있을 것 같습니다.

언어라는 세계

은어의
투명성

어떤 단어를 사용하는 사람들 모두가 그 단어의 구조를 똑같이 인식하고 있을 때 '단어의 속구조가 투명하다'라고 언어학자들은 말합니다. 말들은 투명성의 정도가 다 다릅니다. 사람들은 '민심'과 '애국심'을 백성의 마음이나 생각, 나라를 사랑하는 마음이라고 이해합니다. '민심'과 '애국심'에서 '민', '애국', '심' 각각의 의미를 투명하게 인식하고 있는 것이죠.

그렇지만 '둔갑'이나 '어여쁘다'와 같은 단어는 그 속구조가 어떻게 되어 있는지, 이 말들에 속구조가 있기는 한지 분명하게 말을 하지 못합니다. 즉 사람들에게 '둔갑'이나 '어여쁘다'는 속구조가 불투명하게 느껴지는 단어라 할 수 있습니다.

은어는 은밀함을 본질로 하기 때문에 속구조가 드러나면 그 은밀함을 해치는 것 같지만, 속구조의 투명함과 불투명함의 여부가 은어 자체의 은밀함과 꼭 관련이 있는 것은 아닙니다.

예를 들어 부동산 은어 중 '도장값'은 '불법 거래가 이루어지고 나중에 합법적인 거래가 가능한 시점에 마지막 매수자에게 원매자가 요구하는 돈'을 의미하고, '마귀'는 '억대 단위의 여윳돈을 굴리는 아줌마 부대'를 의미합니다. 그런데 '도장값'을 '도장'과 '값'으로 분명하게 쪼갤 수 있다 한들 은어로서 '도장값'의 의미를 투명하게 인식할 수 있는 것은 아니며, '마귀' 역시 원래 뜻과는 무관한 뜻으로 쓰이기에 사람들에게 인식되는 단어 구조의 투명성과 불투명성이 반드시 그 뜻과 관련 있다고 보기는 어렵습니다. 은어는 단어의 속구조와 관계없이 그 자체로 은밀한 뜻이 살아 있을 때 은어로서 온전히 기능한다는 점을 알 수 있습니다.

영원한 '비밀의 언어'는 없다

은어는 영원할까요? 물론 심마니의 은어처럼 오늘날까지 전승되고 있는 경우도 있지만 대다수는 영원하기는

커녕 한 세대도 버티기가 어렵습니다. 연구자 유민영이 수집한 1983년 당시 유행한 대학생들의 은어에는 다음과 같은 것들이 있습니다만, 잘 살펴보면 현재에는 사용하지 않는 것들이 태반입니다.

공산주의(계획된 듯 잘 생긴 여자), 민주주의(제멋대로 생겨 못 생긴 여자), 피로회복제(여자 친구), 오촌오빠(남자 친구), 갈비(신학생들의 여자 친구(창세기원용)), 24금(데이트 비용 안 내는 노랭이란 뜻), 인터내셔널 옐로(인색한 남자 친구), 쭐쭐이(술), 땡순이(수업에 잘 빠지는 학생), 화이트 필드(시험지 백지 제출), 4·8작전(눈을 사팔뜨기처럼 굴려 커닝하다) 등.

지금도 여전히 대학생이라는 계층은 존재하지만 이 단어들을 은어로 사용하는 대학생은 보기 어렵습니다. 이 경우 은어의 수명이 상당히 짧다고 할 수 있겠죠.

대학생이 여전히 존재함에도 1980년대 그들이 쓰던 은어가 대부분 사라진 경우와 달리, 조선시대 천민 계층 남사당은 그 계층 자체가 사라짐으로써 그들이 사용해온 은어들까지 함께 사라진 경우에 해당됩니다. 이재운 작가에 따르면 남사당은 대단히 특이한 방식으로 은어들을 만들어냈는데요, 남사당 은어들을 한번 살펴볼까요?

강요, 감영, 감대, 구방, 자부, 적부, 주사

이 단어들의 뜻을 아는 방법은 아주 쉽습니다. 각 단어의 첫 번째 음절과 두 번째 음절을 서로 바꾸면 그 뜻이 드러납니다. 한번 해볼까요?

요강, 영감, 대감, 방구, 부자, 부적, 사주

이처럼 남사당들은 단순히 음절 순서만 바꿔서 은어를 만들어 사용했습니다.

현재 남사당 은어는 많은 수가 사라졌으나, 그들이 전국 각지로 떠돌면서 전국에 전파한 은어들이 아직 남아 있기도 합니다. 다만 이들은 은어로서 남아 있는 게 아니라 앞에서 살펴본 '가즈아'나 '떡상'처럼 일반적인 어휘 표현으로 우리말 안에 남아 있는 경우입니다. 이를테면 '살판나다', '얼른' 같은 표현이 이에 해당합니다.

'살판나다'의 '살판'은 남사당패의 열두 가지 땅재주 가운데 몸을 날려 공중에서 회전한 후 바로 서는 위험하면서도 주목을 끄는 놀이를 말하는데, 이로부터 '마음껏 기를 펴고 어떤 일을 행하게 된다'는 일상어 '살판나다'가 유래한 것으로 보입니다. 한편 '얼른'은 본래 '요술', '마술'을 뜻하는 남사당패의 은어로, '빨리'란 뜻의 일상어 '얼른'에서 뜻을 취해 '요술', '마술'을 뜻하는 은어로까지 사용된 것으로 보입니다.

남사당의 은어는 은어로서 사라진 말들이 다수이나, 이렇듯 일부 은어는 일반성을 획득하거나 뜻이 사라진 채 현재 우리말 어휘 체계의 한 부분을 이루고 있습니다.

조선의 외교와
비밀의 언어

비밀을 지키기 위한 수단이 은어에만 있는 것은 아닙니다. 의사소통 중 대화 상대방의 일부에게만 비밀스러운 메시지를 전달하기 위해 언어의 종류를 아예 바꾸는 경우도 있습니다. 이렇게 말소리 음성언어의 종류를 바꾸는 것을 언어학자들은 '코드전환code switching'이라 부르기도 합니다. 물론 코드전환이 비밀 유지만을 위한 의사소통 전략은 아닙니다만 그런 이유로 사용되는 경우가 상당히 잦습니다. 현재뿐 아니라 과거에도 그런 일은 종종 있어왔고요.

잠시 조선시대로 가볼까요? 조선 후기 중국 대륙에서는 명나라에 이어 청나라가 발흥 융성하던 시기였습니다. 조선은 대명 외교뿐 아니라 대청 외교에도 신경을 써야 하는 상황이었죠. 아울러 명나라를 상대로 하든 청나라를 상대로 하든 조선의 입장에서는 효율적인 대중 외교와 함께 물건을 사고파는 사행 무역에도 심혈을 기울여야 하는 때였습니다.

고려시대부터 중국 대륙 나라들과의 외교와 무역에 신경을 써왔던 전통은 대대로 한어(중국어) 학습을 중시하게 했고, 이러한 상황은 조선 후기까지 이어졌습니다. 다만 중국 대륙에서 명나라와 더불어 청나라도 함께 발흥하던 시기였기 때문에 청어(청나라 언어) 학습에도 신경을 써야 했는데, 당시 한어에 능숙한 사람도 찾기 어려운 상황

언어라는 세계

에서 청어에 능통한 사람을 찾기란 정말 힘들었습니다.

이런 상황에서 정조 시대, 사행 및 무역과 관련하여 임금과 신하들 사이의 다음과 같은 대화는 흥미롭습니다.

김상철이 말하기를,

"사행使行의 역관이 20여 원員에 이르지만 그 가운데 일을 주관하는 사람은 두서너 사람에 불과합니다. 많은 숫자가 들어가는 것은 참으로 긴요하지 않은 것이고, 또 근래에 은화銀貨가 매우 귀하여 그들이 또한 팔포八包를 충당할 수 없으니, 그들에게도 또한 이로움이 없습니다. 이 뒤로는 역관의 원액元額과 사행 때 데리고 가는 숫자를 헤아려 줄이는 것이 마땅하겠습니다. 지난번 이재학李在學·남학문南鶴聞이 모두 숫자를 줄일 것을 청한 것은 참으로 의견이 있는 것이었습니다."

하였다. 임금이 말하기를,

"청학淸學이 한학漢學보다 긴요한가?"

하니, 김상철이 말하기를,

"(청나라인들이) 말을 통역하는 즈음에는 한학(중국

어)을 주로 하고 있습니다. 피인彼人들이 말을 주고받을 때 모두 한어를 쓰고 있습니다."

하고, 좌의정 서명선徐命善이 말하기를,

"듣건대 피인들이 말을 주고받을 때 (청나라인들이) 긴요한 일은 모두 청어淸語를 사용한다고 합니다. 청학도 또한 유의하여 이습肄習하게 하지 않을 수 없습니다."

하였다.

_〈정조실록 6〉, 정조 2년 9월 30일자

〈정조실록〉을 현대어로 번역한 내용인데, 당시 정치사회적 상황을 다 읽어내긴 어려워도 밑줄 친 부분이 우리의 흥미를 끄는 것은, 이것이 대화상의 코드전환을 암시하고 있기 때문입니다.

〈정조실록〉의 이 내용은 중국과의 사행과 무역에 있어서 청나라 언어가 한어보다 더 중요하냐고 묻는 정조의 질문에, 통역을 해야 하는 공식 자리에서는 청나라 사람들이 모두 한어를 사용하고 있지만, 더 긴요한 일이나 중요한 정보를 담은 말을 할 때는 모두 청어를 사용한다는 말을 하여 외교와 무역이라는 치열한 정보전의 상황에서 청나라인들이 자신들끼리만 알아들을 수 있도록 언어를 바꾸는 코드전환을 했다는 사실을 보여주고 있습니다. 외교와 무역에서는 상대와의 수싸움이 중요한데, 그러한 수싸움의 전략으로 상대방이 알아듣기 힘든 청어를 사용한 청나라 사람들의 모습이 현대인의 모습과 크게 다르지 않음을 엿볼 수 있습니다.

코드전환은 이렇듯 대화에서 일부 참여자를 배제하기 위한 수단으로 종종 쓰입니다. 위 실록에 따르면 청나라인들은 조선인들을 소통의 상황에서 배제하기 위해 한어에서 청어로의 코드전환을 일상적으로 해왔음을 알 수 있습니다.

그런데 만약 청나라에 파견된 조선인들이 청어에 능숙했다면 청나라 사람들의 코드전환은 무력화되었을 것입니다. 어쩌면 조선인들이 외교 상황을 주도할 수도 있었을 테고요. 정조 임금도 신하들도 모두 청어 학습을 장려해야 한다고 입을 모은 이유를 짐작하고도 남습니다.

여성들의
비밀 문자

1960년대 어느 날, 중국의 어느 시골 마을 기차 안에서 할머니 한 분이 쓰러져 있었습니다. 출동한 경찰은 신원 확인을 위해 할머니의 소지품을 뒤졌고, 소지품 가운데 비밀 암호가 새겨진 것들을 찾아냈습니다. 하지만 당시는 문화대혁명 시기라 할머니는 곧바로 체포되어 구금되었습니다.

워낙 엄중했던 때라 학자들은 당장 그 비밀 암호 같은 문자들을 해독했는데, 그것은 국제 간첩단이나 스파이와는 아무 상관없는 것들이었습니다. 그것은 놀랍게도 오로지 여인들에 의해 창조된 문자언어로, 수천 년 동안 남성들 모르게 전승되어온 비밀 문자였다는 것이 밝혀졌습니다.

그 비밀 문자는 다음 그림(138쪽)과 같습니다.

이 문자의 이름은 누슈(여서女書, nu shu)인데요, 문자의 기원에 대해서는 설이 분분합니다. 확실한 사실 하나는 후난성 장융江永 지방을 중심으로 수천 년간 여인들의 부채나 손수건, 스카프 등에 그들만의 이야기를 새겨 비밀처럼

언어라는 세계

전해져왔는데, 언어의 습득과 전승 역시 비밀리에 이루어

져 최근에 이르기까지 공적으로 드러난 적이 없는 문자였

습니다.

　전족, 남성들에 의한 압제, 힘겨운 노동 등 생활 속 고

통과 슬픔 그리고 때로는 소소한 기쁨이 그들의 스카프나

부채 등에 새겨져 전해 내려온 것입니다. 대부분은 남녀

불평등에 관한 고뇌와 관련된 내용이고, 시와 노래의 형태

를 띠는 것도 있었습니다.

　오랜 세월 여인들에 대한 차별, 편견 그리고 그로 인한

슬픔과 한을 담아온 이 문자를 보고 사람들은 이렇게 말하곤 합니다. 무겁고 박스처럼 생긴 한자와 달리 길고 가늘며 연약해 보인다고요. 또 그 모양이 모기 다리나 새 발자국 같다고 하는 사람들도 있습니다. 이 비밀의 문자, 여러분은 어떻게 생각하시나요?

비단 음성언어뿐 아니라 문자언어도 비밀을 위한 도구로 쓰였다는 사실을 누슈가 잘 보여줍니다. 이 비밀의 문자 역시 한편으로는 남성으로부터 '은폐'를, 또 한편으로는 여성들을 향한 '전달'을 목표로 발달한 셈이죠. 우리 인간은 언어로 끊임없이 '비밀의 집'을 지으며 살아왔고, 앞으로도 그렇게 살아갈 것임을 확인하게 됩니다.

인공지능 '앨리스'와 '밥'은
정말 은어를 만든 걸까?

2017년 페이스북은 이례적인 조치를 단행합니다. 인간 목소리에 반응하는 인공지능이 어느새 자신들끼리만 이해할 수 있는 언어로 대화하기 시작한 상황을 포착하고 인공지능 시스템을 폐쇄하는 조치를 내린 것입니다.

상황은 이렇습니다. 기능을 잘 수행하던 '앨리스'라는 인공지능이 어느 날 "balls have zero to me to me…to me to"와 같은 문장을 만들자, '밥'이라는 인공지능이 "you i everything else"라고 답을 한 것입니다.

인공지능이 자기들끼리만 소통하는 일종의 '은어'를 만들어낸 것이라고 판단한 페이스북은 이 상황이 매우 위험하다고 결론 내리고, 앞으로는 인공지능이 정상적인 영어 문장으로만 대화하도록 시스템을 재구축했습니다. 인공지능이 인간의 통제를 벗어나 자기들끼리 의사소통을 함으로써 인간조차 그 의미를 알 수 없게 되자 페이스북이 결단을 내린 겁니다.

그런데 앨리스와 밥이 만들어낸 문장은 정말 은어였을까요?

앞에서 은어의 본질은 '은폐'와 '전달'이라고 했습니다. 그렇다면 '은폐'가 일어났는지 한번 따져보죠. 우선 인공지능이 산출한 "balls have zero to me to me…to me to", "you i everything else"와 같은 문장을 인간이 이해할 수 없다고 판단되면 '은폐'가 일어났다고 볼 여지도 있습니다. 아울러 페이스북이 앨리스와 밥이라는 인공지능 사이에서 의사소통이 이루어졌다고 여긴다면 '전달'이라는 은어의 본질적 기능도 드러났다고 생각해볼 수 있겠고요.

그런데 그렇다고 해서 정말 앨리스와 밥이 인간은 알아들을 수 없는 은어를 창조해냈다고 자신 있게 말할 수 있을까요? 여기서 한 가지 주목할 점이 있습니다. 인공지능 사이에 일어났다고 본 은폐와 전달은 어디까지나 결과적인 측면만을 보고 판단한 결과라는 것입니다.

다시 말해 인공지능 사이의 의사소통에는 인간의 시각으로 보았을 때 은폐와 전달의 '결과'처럼 보이는 일만 드러났을 뿐 애초 은폐와 전달을 기획한 '의도'는 없었다고 봐야 할 것입니다. 적어도 지금까지 개발된 인공지능은 어떠한 '의도'도 가질 수는 없는, 그저 전자계산 기계일 뿐이기 때문입니다.

인간의 은어와 인공지능의 "은어"(적어도 인간이 산출한 은어와는 다른 것이기에 "은어"라 표기함)는 동일한 것이라 보기 어렵습니다. 인간이 은어를 창조할 때엔 은폐와 전달이라는 목표를 성취하기 위한 '의도'가 항상 전제되어 있습니다. 반면 인공지능 사이의 "은어" 창출에는 어떠한 경우든

'의도'라는 것을 전제하기 어렵습니다.

인공지능이 자기들끼리 의사소통을 하기 위해 만든 문장들은 그저 인간이 알아보기 힘든 계산 결과라서 사람의 시각에서는 은폐된 것으로 보이는 것뿐입니다. 따라서 애초 인간을 의사소통에서 소외시키기 위한 의도를 가지고 만든 것은 아니기에 인간이 창조한 은어와는 질적으로 다른 것이라고 이해해야 합니다.

인간의 언어가 비밀 유지로서 기능을 할 때엔 비밀 유지를 의도한 인간의 의지나 목적 같은 것이 반드시 수반되게 마련입니다. 상당히 긴 시간이 지난 후 인간과 같은 종류의 의지나 의도를 가진 인공지능이 개발되고, 그 인공지능이 자기 스스로 가진 의도를 기반으로 '은폐'와 '전달'의 목표를 달성하기 위해 만드는 문장이나 표현이 나타난다면, 그땐 인공지능이 산출한 그 말을 "은어"가 아닌 은어라 말할 수 있을지 모르겠습니다. 그러나 아직 그런 징후는 보이지 않습니다.

5.

이주민의
언어

그녀는 한글을 볼 때마다 화폭을 꽉 채운 그림 같다는 생각이 들었다. 자음과 모음이 결합된 글자에 연필로 명암을 넣다 보면 그 자체로 완벽한 데생이 되는 것이었다. 그녀의 한국어 노트에는 그렇게 그림이 된 단어들이 여기저기 눈에 띄었다. 그녀는 '가서'라는 부사를 가지고 데생을 하기 시작했다. ㄱ에는 말갈기처럼 세로로 길게 명암을 넣고, 모음의 기둥 부분을 진하게 칠해놓고 보니 바람에 나부끼는 고향의 거리가 떠올랐다.

_한지수, 〈열대야에서 온 무지개〉 중에서(《자정의 결혼식》, 열림원, 2010)

이 소설에서 '그녀'는 결혼 이주 여성입니다. 그런데 한국 사회에 뿌리내리기 위해 분투하는 이 여성에겐 한글이라는 글자가 화폭을 꽉 채운 그림으로만 인식될 뿐입니다. 사각 화폭에 담긴 네 개의 벽으로 이루어진 사각형 한글로부터, 그리고 무엇보다 '꽉'이라는 말에서 그녀가 느꼈을 답답함을 우리도 느끼게 됩니다. '꽉'이야말로 그녀에게 비춰진 현실의 반영이 아닐까 싶습니다.

그녀와 같은 이주민들은 이제 '우리'의 '일부'를 이루고 있습니다. 지방에서는 광역시를 벗어나 조금만 외곽으로 나가도 어머니 또는 아버지가 이주민인 학생들이 구성원의 대다수를 이루고 있는 초등학교를 쉽게 발견할 수 있습니다. 그들의 어머니들이 바로 위의 소설에 등장하는 '그녀'에 어느 정도 투영되어 있다고 할 수 있겠지요.

한 지역에 살던 사람들이 경계를 넘어 다른 지역으로 옮겨가 살게 될 때, 특히 그 경계가 국가인 경우에는 언어차이가 풀기 어려운 삶의 숙제처럼 되어버리는 것 같습니다. 한 국가에서 서로 다른 두 지역 간에 경계가 그어질 때엔 그 경계를 사이에 두고 두 언어가 그저 서로 다른 방언 dialect에 그칩니다. 그러나 두 언어의 차이가 의사소통 자체를 어렵게 할 때는 두 언어는 각각 다른 언어라 할 수 있습니다.

그런데 삶의 모든 문제가 그렇듯 문제의 경계를 흐리게 하는 현상들이 있습니다. 의사소통에 아무런 문제가 없는 두 언어를 정치적·사회적 이유로 서로 다른 언어로 규정해버리는 경우가 그러합니다.

세르비아어와 크로아티아어는 두 언어 사용자들 스스로는 같은 언어로 인식하고 있고 의사소통에 전혀 거리낄 것이 없음에도 사실상 서로 다른 언어로 규정됩니다. 바로 정치적 이유 때문입니다. 이렇듯 언어 차이의 문제는 삶의 문제이기도 하지만, 또 한편으로 정치나 사회 문제와 연관되기도 합니다.

최근 한국 사회로 이주한 사람들 중에는 한국어를 조금이라도 배워서 알고 있는 이주민들이 있는가 하면, 한국어를 전혀 알지 못하는 사람들도 있습니다.

그렇다면 한반도에 언제부터 이주민들이 들어오기 시작한 걸까요?

언어라는 세계

한반도의 이주민은
최근의 현상인가?

우리 언어를 구사하지 못하는 이주민들이 비록 소수일지라도 우리 땅에 정착하기 시작한 것은 꽤 오래전부터입니다. 김수로왕에게 시집온 아유타국의 공주 허황후는 어쩌면 기록으로 확인할 수 있는 최초의 결혼 이주 여성인지도 모르겠습니다.

《삼국유사》에 수록된 〈가락국기駕洛國記〉에 따르면, 허황후는 아유타국에서 오빠 장유화상을 비롯한 그 수행원들과 함께 배를 타고 와서 금관가야 가락국 수로왕과 결혼하여 열 명의 아들을 낳았다고 합니다. 소수 인원이긴 해도 이들은 역사책이 확인해주는 이주민들이고, 허황후는 이주 여성인 것이죠. 이 허황후가 김해 허씨의 시조가 되었는데, 이는 이들이 이후 우리나라에 완전히 정착하여 동화된 이주민 세력임을 말해줍니다.

이 외에 유입 인구가 대규모는 아닐지라도 우리나라 역사 곳곳에 외부에서의 이주민 유입을 암시하는 기록들이 존재합니다. 그렇지만 1990년대 이후 2021년 최근까지 300만 명에 이르는 대규모의 이주민 유입만큼 우리 사회 곳곳에 영향을 미친 경우는 없었던 것 같습니다. 앞의 소설이 보여주듯 이제 이주민은 우리의 이웃이자 일부를 이루고 있으니까요.

그중에서도 고려인들은 과거에는 타향으로 떠났던 이주민들이었으나 이제는 다시 고향으로 돌아오고 있는 이주민들입니다. 떠났다가 돌아온 그들의 역사 자체가 곧 이주의 역사라 해도 과언이 아닐 것 같습니다.

우리 안의 고려인

전라도 광주에는 일제강점기 이후 러시아 각지로 강제 이주를 당한 고려인들이 귀국하여 거주하는 고려인 마을이 있습니다. 그들은 러시아에서 3대 이상을 거주했기에 한국말보다는 러시아말에 더 익숙합니다. 꽤 많은 수의 이 고려인들은 일상생활에서는 러시아말을 사용하는데, 이따금 한국말을 섞어 사용하기도 합니다.

고려인들은 19세기 말 이후 농업 이민과 항일 운동을 배경으로 러시아 연해주 지역으로 이주를 했으나, 1937년 스탈린의 소수민족 분리정책에 따라 중앙아시아 각 지역으로 강제 이주를 당했습니다. 이후 이들은 러시아어 사용을 강요당하기도 했는데, 스탈린 치하에서 이들이 정치적 세력으로 성장하지 못하도록 소수민족의 고유 언어, 문화 등에 대해 전반적인 탄압 정책을 지속했기 때문입니다.

역사적·정치적 격랑 속에서 이주 고려인들은 구소련이 해체된 이후에도 러시아 각지에 흩어져 유랑하는 부침의 역사를 겪어야 했습니다. 특히 1991년 소련 붕괴 후 구소련 공화국으로부터 독립한 신생국가들, 즉 우즈베키스탄, 카자흐스탄, 키르기스스탄, 우크라이나 등에 정착해서도 각국의 정치적·정책적 고려와 현실적 이유 등으로 한국어를 사용하기 어려운 상황에 놓였습니다.

그러다가 2000년대 이후 고려인들은 한국의 경제적 성장을 배경으로 또 다른 이주, 즉 떠나왔던 한국으로의 새로운 이동을 감행합니다. 19세기에 고향을 떠났던 이들의 후손들의 이주입니다. 광주뿐 아니라 안산, 대구 인근에도 이들의 정착지가 있습니다. 특히 최근에는 우크라이나에서 발발한 전쟁으로 우크라이나에서 유입되는 고려인 이주민의 숫자가 늘고 있습니다. 그들의 이주는 과거형이 아닌 현재 진행형이며, 최근엔 경제적 이유가 아닌 전쟁으로 인한 이주란 점이 독특합니다.

광주 월곡마을의 고려인들의 경우 이들이 처음 광주에 유입된 것은 2005년으로, 초창기에 30여 가구가 정착하면서 거주가 시작됐습니다. 고려인들은 대개 이중 언어 내지는 다중 언어를 사용하며, 주로 사용하는 언어는 러시아어로, 한국어 능력은 일반적인 평가 기준으로 측정하기 어려울 정도로 수준이 낮은 편입니다. 대개 러시아어를 가장 잘 하고, 다음으로 우즈베키스탄 등 자신의 출생지 언어, 그리고 한국어 순으로 언어 능력을 보입니다.

다중 언어 사용자인 이들의 언어생활은 이채로운 면들을 많이 보이는데, 유창한 러시아어 중간중간 한국어 단어를 섞어 사용하는 이른바 코드전환 현상을 보이는 경우가 많습니다. 그리고 그들의 언어 안에는 그들의 역사와 생활상이 그대로 투영되어 나타나기도 합니다.

"눈치 없다",
"잘 다녀오겠습니다"

대륙 안에 서로 다른 나라와 맞대고 있는 유럽의 국경 지대는 국경을 넘으려는 사람들로 늘 넘칩니다. 그래서 국경을 지키는 수비대의 임무 중 하나가 범죄자들을 검문해서 국경을 넘지 못하게 하는 것입니다.

여기, 밀수범이 한 명 있습니다. 그런데 자신을 검문하는 수비병이 같은 고향 사람이라는 걸 알게 됩니다. 밀수범은 바로 고향의 언어로 수비병에게 말을 건넵니다. 왜일까요? 수비병이 자신과 동향이라는 정체성을 언어로 드러냄으로써 경계심을 누그러뜨리기 위함입니다. 이 상황에서 원래 사용하는 언어가 아닌 고향의 언어로 말을 건네는 것, 그 자체가 바로 코드전환입니다.

코드전환은 이렇게 특정한 의사소통상의 목적을 달성하기 위해 이루어집니다. 밀수범의 목적 역시 코드전환된 언어를 매개로 수비병에게 동질감을 느끼게 하여 국경을 무사히 통과하는 데 있습니다.

외국인들이 한국어를 말할 때 그리고 해외에서 우연

히 한국어를 듣게 될 때 우리가 유대감을 느끼는 것은 보편적인 현상입니다. 상대방이 내가 말하는 언어를 알고 있다는 사실을 확인하는 것만으로도 우리는 친근함을 느낍니다. 그런데 코드전환으로 달성하려는 의사소통상의 목적이 유대감 형성에만 머무는 것은 아닙니다. 이주민들의 언어생활을 잘 들여다보면 알 수 있습니다.

이중 언어 사용자들은 자신이 주로 사용하는 말에 특정한 의미를 가진 단어가 없을 때 자신이 사용할 수 있는 다른 언어에서의 해당 표현을 섞어 쓰는 코드전환 현상을 자주 보이는데, 바로 고려인들이 그러합니다. 예를 들면 고려인들은 '눈치', '눈치가 있다/없다', '눈치를 보다'와 같은 표현을 러시아어에 자주 섞어 씁니다. 러시아어에는 이런 표현 자체가 없기 때문입니다.

'눈치'는 일종의 '사회적 지능'이라고 할 수 있을지도 모르겠습니다. 비단 러시아어뿐 아니라 영어에도 '눈치'에 딱 들어맞는 표현이 잘 떠오르질 않습니다. 사실 대부분의 외국인들에게 '눈치'와 '눈치 있다' 등의 한국어 표현은 한국인 특유의 사회적 직감 능력이나 정서를 대변하고 있는 것으로 느껴진다고 합니다.

그나마 '눈치'와 관련된 상황은 나은 편입니다. 왜냐하면 고려인들의 경우 러시아어에는 없는 '눈치'를 한국어에서 찾아 대화상 필요한 곳곳에 심어 의사소통상의 목적을 달성할 수 있기 때문입니다. 그리고 자국어에 '눈치'에 꼭 들어맞는 단어는 없더라도 눈치가 사회적 직감력에 근접한 개념이라는 것을 설명하면 다른 외국인들도 얼추 그것이 무슨 뜻인지 '눈치'는 챌 수 있기 때문입니다.

BTS에 열광하는 외국인들 가운데는 BTS가 해외 투어를 갈 때마다 말하는 다음과 같은 의미를 도무지 이해하기 힘들다고 말하는 경우를 자주 봅니다. 무슨 말이냐고요? 바로 '잘 다녀오겠습니다'라는 한국어 문장입니다.

그러고 보니 이 말에 해당하는 외국어 문장을 찾기가 쉽지 않습니다. 외국인들이 이 말을 이해하지 못하겠다고 하는 이유가 아무래도 개념적으로 양파 껍질처럼 겹겹이 쌓여 있는 듯 보이기 때문인지도 모르겠습니다.

이 말에는 '네가 해외에서의 나의 안위를 걱정할 것 같아 내가 배려해서 너를 안심시키는 말을 하려고 한다'와 같은 발화자의 생각과 의도가 층층이 쌓여 있습니다. '네가 해외에서 나의 안위를 걱정할 것 같다'가 한 겹이라면

‘그에 대해 내가 배려하겠다’가 또 다른 한 겹이고, ‘너를 안심시키는 말을 내가 하겠다’가 또 한 겹이라고 할 수 있을 것 같습니다.

앞서 한국어가 대화 상대방을 상당히 배려하는 또는 상대방을 의식하는 언어라 했는데, 이 말이야말로 한국어의 그러한 특성을 가장 잘 보여주는 것 같습니다. 아직 실현될지 안 될지 모를 상대방의 걱정까지 챙겨주고자 하는 한국인의 마음, 그 마음이 ‘잘 다녀오겠습니다’에 담겨 있는 것 같습니다.

고려인의 ‘바뻐시느이’

앞에서 ‘눈치’라는 단어를 고려인들이 대화에서 코드 전환어로 많이 사용한다고 했는데, 이왕 이야기가 나온 김에 고려인들이 러시아어를 말하는 도중 섞어 쓰는 한국말의 종류에 대해 좀 더 살펴보겠습니다. 말을 통해 그들의 생각과 생활을 엿볼 수 있을 것입니다.

네, 아니오, 맛있다, 고마워, 안녕, 바보, 왜, 뭐라고,
안 돼, 조심, 잘 가, 하지 마, 해 봐, <u>부동산</u>, 차, 공장,
아파트, 학교, 아동 센터, 퇴근, 잔업, 천천히, 우체국,
병원, 은행, 밥 먹자, 배 고파, 괜찮아, 아파, 안 아파,
그래서, 누구세요, 여보세요, 얼마에요, 안녕하세요,
감사합니다, 맛있게 먹어요, 없어요, 있어요, 예쁘다,
힘들어, 스트레스 받았어, 밥, 마트, 가자, 날, 밤, 뭐라
고, <u>바뻐시느이</u>

우선 '바뻐시느이'라는 조금은 낯선 말이 눈에 띕니다.
이게 뭘까요? '시느이'는 러시아말에서 형용사를 만드는
접미사로, '바뻐시느이'는 '매우 바빠서 많은 노력이 든다'
라는 뜻이라고 합니다. 우리에겐 매우 낯선 이러한 혼성어
hybrid의 등장은, 고려인들이 한국어와 마주하면서 자신들
에게 익숙한 러시아어와 한국어를 나름대로 융합시킨 결
과라 할 수 있을 것 같습니다.

그런가 하면 '잔업'과 같은 단어는 한국에서 공장 노동
을 하며 살아가는 고려인들의 삶이 잘 드러나는 것 같습니
다. '부동산, 차, 공장, 아파트, 학교, 아동 센터, 퇴근, 우체

국, 병원, 은행' 등과 같은 생활 밀착형 공간 표현은 이들의 삶이 어떤 방식으로 전개되어나가는지를 잘 보여주고 있고요.

동시에 생활과 깊숙이 밀착된 이런 단어들이 코드전환의 단어로 흔하게 사용된다는 것은 이들의 대화 속에서 코드전환이 매우 자주 일어나는 현상임을 말해주기도 합니다. 실제로 설문조사 결과 평상시에 보통의 횟수 이상으로 코드전환을 사용하고 있는 고려인들이 80퍼센트가 넘는 것으로 나타났습니다.

어찌 보면 고려인들은 자신의 정체성의 일부인 러시아와 또 다른 정체성의 일부인 한국을 자기도 모르게 말로 버무리면서 하루하루 삶을 영위해나가고 있는지도 모르겠습니다. 그다지 주목받고 있지는 않지만 지금도 도도하게 이어지고 있는 그들의 긴 여정, 그 끝은 어디일까요? 언젠가 그들이 구사하는 말들이 그 모든 것을 말해줄지도 모르겠습니다.

영화 〈승리호〉의
피진어

고려인들은 이주민이긴 해도 기본적으로 조상의 뿌리가 한반도에 있고, 2000년대 이후 이주민들 가운데 한국어를 구사하는 이들이 상당수 섞여 있어 그런지 그들에게 한국어는 그다지 낯선 언어로 인식되지 않는 것 같습니다.

보통 모국어가 다른 사람들끼리 만나면 어떻게든 의사소통할 방법을 찾게 마련입니다. A라는 언어를 구사하는 사람과 B라는 언어를 구사하는 사람이 만났다고 합시다. 이 경우 각자가 상대방의 언어를 구사하지 못할 때엔 C라는 언어로 의사소통을 모색하게 됩니다. 그러나 그 C라는 언어조차 하기 힘들 때엔 A 언어와 B 언어를 섞는 방식을 취하게 됩니다.

그렇게 형성된 언어를 피진어pidgin language라고 부릅니다. 보통 피진어는 보다 주도권을 가진 언어와 주도권을 덜 가진 언어를 섞어서 만들며, 대개는 무역과 같은 사업 등에서 도구적인 목적 달성을 위해 사용되곤 합니다.

이렇게 피진어에 대한 이야기를 길게 늘어놓은 이유

는 영화 〈승리호〉(2021)에 대해 얘기하기 위해서입니다. 영화 〈승리호〉는 우주 쓰레기를 청소하는 다국적 우주 청소부들의 모험을 그린 영화입니다. 영화에 등장하는 우주 청소부들이 다국적이기에 한국어뿐 아니라 덴마크어, 중국어, 프랑스어 등 다양한 언어를 들을 수 있습니다.

나이지리아 출신 등장인물은 다음과 같은 대사를 합니다. 'The garage don full.' 이 말은 '차고는 꽉 차 있다'는 뜻으로, 영어와 나이지리아어의 피진어입니다. 'don'은 나이지리아어로 '~인 상태로 있다'라는 문법적인 뜻을 가진 말입니다. 즉 'garage(차고)'와 'full(가득한)'과 같은 실질적 의미를 가진 영어 단어와 'don'과 같이 문법적 의미를 가진 나이지리아어를 섞어서 만든 문장인 것이죠. 영어를 기반으로 한 이 나이지리아 피진어는 나이지리아 전역에서 일상어로 사용되고 있을 뿐 아니라 그 변형이 가나, 카메룬과 같은 나라에서도 통용되고 있다 합니다.

그렇지만 피진어 자체가 공식 공용어로 쓰이는 경우는 거의 없어서 나이지리아 피진어도 공식적으로 사용하지는 않습니다. 다만 예외적으로 영어와 파푸아뉴기니어 사이에 형성된 피진어는 파푸아뉴기니 사람들 사이에서는 공용어로 쓰이기도 합니다.

피진어가 세대를 넘어 다음 세대로까지 전승되어 어떤 공동체에서 가장 지배적인 언어가 될 때 그 피진어는 크리올어creole language라고 불리며 매우 체계적인 성격을 획득하게 됩니다. 또 이전 세대에서 전승된 크리올어를 배우는 모태 크리올어 사용자들이 생기게 됩니다. 공용어의 자격을 가지고 세대를 넘어 전승되고 있는 파푸아뉴기니인들의 크리올어인 '톡피신어Tok Pisin'가 바로 그러한 경우라 할 수 있습니다.

〈승리호〉에는 다국적 우주 청소부들이 등장한다고 했죠? 〈승리호〉의 우주 청소는 단지 영화적 장치로서 우주 시대 먼 미래의 일로 묘사되고 있지만 지금 이 시간에도 다국적인들은 종으로 횡으로 우리 주변의 현실을 엮어나가고 있으며, 우리 역시 그 현실의 일부로 살아가고 있음은 〈승리호〉의 경우와 별반 다르지 않은 것 같습니다. 그리고 어쩌면 'The garage don full'은 나이지리아 피진어를 아는 사람들에게는 〈승리호〉를 더욱 현실감 있는 영화로 느끼게 할지도 모릅니다. '아, 정말 영화를 포함한 우리의 현실은 종으로 횡으로 세계 여러 나라의 사람들과 엮여 있구나' 하고 말이죠. 아는 만큼 더 보이는 법이니까요.

타인과의 만남은 나의 변하지 않는 부분과 변하는 부분을 새롭게 인식하게 하는 계기를 만들어주는 것 같습니다. 문화와 문화, 언어와 언어의 만남도 마찬가지고요. 예를 들면 이제 우리 사회의 일부가 된 이주민들과 그들의 언어는, 우리 본래의 부분과 또 그들을 우리 안으로 받아들임으로써 우리가 겪게 될 변화의 양상을 재인식하게 하고 끊임없이 성찰하게 해줍니다.

그렇다면 내 안에서 진정한 '나'에 속했던 부분은 어디까지이고, 또 원래 '타인'에 속했던 부분은 어디까지일까요? 타인과의 만남에서 창조된 언어에는 내가 어디까지 어떻게 드러나 있을까요? 타인을 마주하지 않았다면 생기지 않았을 이런 문제들을 살피고 다양한 빛깔을 내는 언어를 통해 그 답들을 찾아가는 과정이 나를 이해해나가는 길이 아닌가 싶습니다.

언어라는 세계

6.

세계의
언어

저는 영국에서 몇 년 살아본 경험이 있는데요, 1990년 대니까 꽤 오래전 일입니다. 하루는 많은 사람이 모인 자리에서 영국인 두 부부를 만났는데, 당시만 해도 영국에 거주하는 한국 사람들이 많지 않던 때입니다. 한국의 소프트 파워도 지금과는 비교할 수 없을 정도로 약할 때고요. 당시 모임에서 만난 영국인 부부에게 다음과 같은 두 가지 질문을 받고 당혹스러웠던 기억이 있습니다.

"한국 사람이라면 웬만큼 중국어와 일본어를 이해할 수 있지 않나요?"

"한국이 독자 문자를 가지고 있다니 놀랍네요. 그런데 중국과 일본이라는 큰 나라 사이에서 굳이 나름의 독자 문자를 따로 갖는 것이 한국으로서 이득이 있을까요?"

당시 저는 소아스SOAS라는 런던대학University of London의 한 칼리지에서 영국인들에게 한국어를 가르치고 있었습니다. 그렇기에 이러한 질문에 남들보다 조금 더 민감할 수밖에 없었습니다. BTS의 노래가 에펠탑 앞에서 불리고 한국 영화에 나온 대사들이 세계 유행어가 될 만큼 한국이 소프트 파워에 있어 세계 수위의 반열에 오른 지금으로서는 다소 이해가 되지 않는 질문일 수도 있을 것 같습니다. 그런데 그땐 이 같은 질문은 외국에 있는 한국인들이라면 한 번쯤 경험했을 엄연한 현실이었습니다.

이 두 가지 질문을 받은 후 저는 한국어나 한글을 타인의 시각으로 봐야 할, 그리고 타인에게 설득력 있게 알려줘야 할 필요성을 느끼게 되었습니다. 그리고 제가 해온 일들, 한국어를 가르치고 연구하는 일들에 대한 의미를 다시 생각하게 됐습니다. 적어도 저 두 가지 질문에는 답할 수 있어야 하지 않을까 하는 생각을 하게 된 거죠.

위 물음은 한국인들이 들으면 터무니없거나 딱히 기분 좋을 리 없는 질문이지만, 그 답을 찾아나가다 보면 어느덧 낯선 이의 시각이건 우리만의 시각이건, 한국어와 한글을 세계의 언어, 세계의 문자로 부르는 데 조금도 거리낄 게 없다는 것을 깨닫게 됩니다.

한국어,
한마디로 말하기는 어렵지만

한국어를 한마디로 설명하는 것은 쉽지 않은 일입니다만, 앞에서의 질문을 염두에 두고 답을 하다 보면 한국어라는 전체 그림 가운데 몇 조각 정도는 드러내 보일 수 있을지도 모르겠습니다.

알타이산맥 근처에 분포해 있는 알타이어들, 그들을 일컬어 알타이어족 언어라 하는데요, 다음은 알타이산맥의 분포와 산들의 모습입니다.

　한국어의 조상 언어는 알타이어족에 속하는 여러 언어들의 조상과 가장 가깝다고 알려져 있습니다. 알타이어에 속하는 언어들 중 몽고어를 예로 들어 설명하면, 몽고어의 조상 언어와 한국어의 조상 언어가 꽤 가까웠을 가능성이 크다는 것입니다.

　현재의 언어를 두고 굳이 각 언어의 '조상 언어'끼리 가까웠다고 설명한 것은, 조상 언어끼리는 분명하게 뭔가 혈연관계를 가지고 있었을 가능성이 큰, 검증된 증거들이

　　　　　　　　　　　　　　언어라는 세계

상당히 많이 남아 있기 때문입니다.

한편 알타이산맥 근처에 분포해 있는 알타이어 계통의 언어들에 대해 우리가 접근할 수 있게 된 것은 지극히 최근의 일입니다. 지리적으로 확인해보면 왜 그런지 충분히 이해할 만합니다. 알타이산맥 자체가 구소련 지역, 시베리아, 중국 대륙, 몽고 등 험준하고 광활한 지역에 걸쳐 있으니까요. 더욱이 그 지역에 분포해 있는 언어들의 조상 언어라면 정말 아득히 먼 저곳에 있는 것만 같지 않으십니까?

과학저널 〈네이처〉에 따르면, 최근 이러한 가설이 그저 가설에만 그치지 않는다는 사실을 알 수 있습니다. 한국어가 투르크어, 몽골어 등과 함께 9000년 전 신석기시대에 중국 동북부에 살던 농경민들에게서 비롯되었다는 것이 최근 밝혀졌습니다. 이들 언어가 바로 알타이산맥 근처에 분포해 있는 언어들이죠. 단순히 언어적 증거에 의해서만 입증된 것이 아니라 고대인들의 유전자를 분석한 결과라는 점이 흥미롭습니다.

한글,
누구에게나 혜택을

한국인의 문자인 한글, 조선시대에 창제된 이 문자를 모르는 한국인은 거의 없습니다. 그 문자를 사용할 줄 알 뿐만 아니라 한국인이라면 한글에 대해 비교적 잘 이해하고 있게 마련입니다.

오랜 기간 누군지도 모를 사람들에 의해 천천히 형성되어온 세계 대부분의 문자와 달리 한글은 조선시대 세종대왕에 의해 창제되었다고 알려져 있습니다. 문자를 만든 시점과 만든 주체가 정확히 기록에 남아 있는 것이지요. 무엇보다 문자를 만든 의도가 역사적으로 기록되어 있어 왜 만들었는지를 수백 년이 지난 후에도 알 수 있다는 점이 특기할 만합니다.

공식적 국가 기록인《조선왕조실록》에는 '임금이 친히 만들었다'라는 내용이 남아 있습니다. 찬반 논란이 있기는 하지만 사람에 따라서는 조선왕조가 오백 년이나 지속할 수 있었던 것은, 실록과 같은 기록 문화를 남길 만한 국가 시스템의 작동이 그렇게 쉽게 이뤄질 정도는 아니었기에 가능했다고 보는 견해도 있습니다. 한글에 관한 실록의 기록 역시 공적 기록으로서 충분히 존중될 만하다고 생각합니다.

실록에 따르면 백성의 문자언어로서 의사소통상 편의를 도모하고자 군주가 새 문자를 만들었다고 공표되어 있는데, 이 새 문자의 창조는 당시 군주의 이상적 통치 행위로 볼 수 있습니다. 역사적으로도 군주를 비롯한 지배 계층은 백성을 위하고자 무언가를 제공하겠다고 말하는 경우가 상당히 많았습니다.

그러나 실제로 백성에게 유익한 실체를 선물처럼 제공하는 일, 그리고 그 선물을 백성 모두가 온전히 향유하는 일은 흔치 않았습니다. 더욱이 이 행운의 선물이 영원히 존속하고 그 쓰임새도 무한하다면 그 가치는 말로 표현하기 참으로 어렵겠지요. 바로 한글이 그러합니다.

그렇다면 독자적으로 문자를 갖는 일이 중국과 일본이라는 강대국 사이에서 어떤 이득을 얻을 수 있느냐는 외국인의 질문에 대해 우리는 무엇이라 답해야 할까요? 이에 대해서는 맞지 않는 옷인 한자를 내내 입고 살았던 한국인에게 몸에 꼭 맞는 한글이라는 옷이 선물로 주어짐으로써 비로소 한국인은 몸으로도 마음으로도 영원한 편안함을 누리게 되었다고 답해야 할 것 같습니다.

그런데 이러한 혜택과 편안함은 사람들 사이에서 오랜 기간에 걸쳐 서서히 느껴지게 마련입니다. 무엇보다 백성들이 이런 혜택과 편안함을 느끼기 위해서는 일단 한글이 널리 퍼져나가야 합니다.

하지만 우리는 어떻게 한글이 지금처럼 퍼져나가 모든 사람이 그 혜택을 누리게 되었는지는 잘 알지 못합니다. 한글 창제가 이루어진 문화적 융성기 이후 정작 한글이 일반 사람들에게 어떻게 스며들었는지 그 과정에 대해서는 관심이 덜한 듯합니다.

역사 속에 묻혀 있는 그 과정을 하나씩 들여다보면서, 이제는 오히려 세계 구석구석 퍼지지 않은 곳을 더 찾기 어려운 한글이 과거에는 어떤 방식으로 대중 속에 스며들기 시작했는지 알아보려고 합니다.

언어라는 세계

암행어사의 봇짐 속
한글 책

암행어사를 아시나요? 조선의 암행어사는 민간인으로 위장하여 여러 마을을 다니면서 부패하거나 백성을 괴롭히는 지방 관리들을 고발하고 실정을 바로잡는 일들을 했습니다. "암행어사 출도요!"라는 소리와 함께 왕의 사도임을 나타내는 둥그런 마패를 내밀자마자 탐관오리들이 혼비백산하여 도망치는 장면을 《춘향전》 등에서 읽거나 보신 적이 있으리라 생각합니다.

바로 그 암행어사가 지방에 내려갈 때 꾸렸던 봇짐 안에는 한글 책들이 들어 있는 경우가 많았습니다. 본인이 읽기 위해서가 아니라 운반을 하기 위해서였죠. 그런데 왜 한글 책일까요? 정조 때 실록을 보면 그 사정을 대략 알 수 있습니다.

정조 임금은 《속명의록續明義錄》이라는 책을 언문(한글)으로 번역하여 호남의 관찰사와 어사에게 내리고, 어사가 지방에 가는 길에 가지고 갈 수 있게 하라는 명령을 내립니다. 특히 어사에게는 한글로 된 《속명의록》 100권을 가져가게 하라는 등 지방에 가져갈 구체적인 한글 책의 수량까지 지시하고 있지요. 또 책마다 임금의 도장인 어보를 찍어 보내기도 합니다. 어사에게 한글 책을 전달해 지방 곳곳에 그 책들이 뿌려지기를 바라는 정조의 마음을 읽을 수 있습니다.

《속명의록》을 제주목濟州牧에 반포하였다. 하교하기를, "이번에 어사가 내려갈 때에 가지고 갈 선유문宣諭文은 마땅히 어제御製로 지어 내리겠다. 지어 내리기를 기다려, 진서眞書와 언문諺文으로 번역 등서謄書하여 각신閣臣 가운데 봉교奉敎가 유지有旨를 써서 호남의 도백과 어사御史에게 하송하게 하되, 그날로 입각入刻하게 함으로써 어사가 가는 길에 가지고 갈 수 있게 하라는 내용으로 분부하라" 하였다. 조금 있다가 연교筵敎가 있었는데,《속명의록》50건件, 언해諺解 1백 건,《원명의록原明義錄》은 언해를 갖추어 3건으로 하되, 또한 어보御寶를 찍어 유지를 만들어 어사에게 내려 보내게 하였다.

_〈정조실록〉, 정조 5년(1781) 6월 20일

그런데 당시 한글 책 100권을 찍으려면 대단히 많은 비용이 들었습니다. 종이, 비단, 먹, 목판 등 물자가 넉넉하지 않았던 당시 상황을 고려하면 적어도 아파트 몇 채에 해당하는 비용이 들었을 것으로 생각됩니다. 이처럼 적지 않은 비용으로 굳이 한글 책을 지방 곳곳에 배포하고자 한 이유는 무엇이었을까요?

《속명의록》이란 책 자체가 정조 임금이 백성들에게 알리고자 한 역사적 기록, 즉 '정보'를 담고 있기 때문입니다. 정조는 당시 왕실을 둘러싼 역모 사건과 궁중 내 정쟁에 대한 사실 관계를 밝히고, 이를 온 천하에 대대로 알리는 일에 관심을 가지고 있었습니다. 여기에 정조의 불행한 개인사 역시 이런 일에 대한 관심을 더욱 부채질한 듯 보입니다. 한글로 이러한 책을 간행하게 한 것은 정조가 백성들이 알기를 원했던 '정보'가 '한글'을 통해 전해지는 것이 정보의 전파를 더욱 효율적이게 할 것임을 잘 알고 있었기 때문입니다.

세종대왕의 한글 창제 이후 정조 때 즈음에는 한글이 민간에까지 전파가 상당히 이루어졌을 것으로 보입니다. 만약 이러한 상황이 전제되지 않았다면 지금의 가치로 아파트 몇 채 값에 해당하는 큰 비용을 들여 한글 책을 찍고 암행어사의 봇짐 속에 넣어 책을 가져가게 할 리는 만무했을 테죠.

당시는 일반 백성들 사이에 정보의 유통이 짧은 시간 내에 이루어지기 어려운 상황이었습니다. 대부분의 백성들은 굶지 않기 위해 생산 활동에 종사하고 있었으며, 인터넷은커녕 신문, 방송 등이 전무하던 시기였기에 그나마 한글이 '정보'의 유통과 전파에 있어 백성들의 숨통을 틔게 함으로써 많은 사람에게 정보의 혜택이 돌아갈 수 있도록 여건을 만들어주었을 것입니다. 그 희미한 흔적을 우리는 암행어사의 봇짐 속 한글 책을 통해서 짐작해볼 수 있습니다.

"술 좀 그만
마셔라"

정조의 할아버지는 영조입니다. 조선시대에 가장 장수한 왕으로도 유명하죠. 그런데 이 영조 임금이 직접 신하들에게 불러주며 한글로 쓰게 했던 책이 있습니다. 그 내용은 놀랍게도 백성들에게 술 좀 그만 마시라는 당부와 함께, 이러한 일에 왕이 직접 나설 수밖에 없는 답답한 심정을 담고 있습니다.

이런 상황이 벌어진 데에는 나름의 사정이 있습니다. 영조 임금 시절에는 밀주가 성행했는데, 당시 생활고에 지친 백성들은 술을 직접 주조해 마시거나 남은 술을 내다 팔아서 그로 인한 폐해가 상당했다고 합니다. 거리를 떠도는 알코올중독자들도 많았다고 하고요.

영조는 금주령을 내릴 만큼 술 문제에 대해선 엄격한 태도를 보인 바 있습니다. 술을 일종의 사회문제로 본 것이지요. 그 때문에 금주령을 내려 이러한 사회적 문제를 해결하고자 하였으나 안타깝게도 왕의 명령과 엄격한 법 집행에도 신통한 효과를 내지는 못했던 모양입니다. 이렇게 한글로 술 좀 그만 마시라는 절절한 글을 백성들에게 내린 것을 보면 말이지요.

다음의 한글 자료를 보면 영조 스스로 본인을 백성의 부모라 일컬으며 낮과 밤에 걸쳐 백성을 생각하는데, 특히 금주령과 관련하여 근심이 많았음을 토로하고 있습니다.

부모의 마음으로 백성들에게 호소하는 애틋한 심정이 느껴지나요?

오호ㅣ라 내 너의 부모 되얀지 그 몃 히뇨

이제 삼십팔 년이로ᄃᆡ 덕ᄐᆡ이 능히 ᄇᆡᆨ셩의게 밋지 못ᄒ고

은혜 능히 ᄇᆡᆨ셩의게 펴지 못ᄒ야 경외 ᄇᆡᆨ셩이 것고로 ᄃᆞᆯ닌 듯ᄒ니

낫과 밤의 너희ᄅᆞᆯ 싱각ᄒ야도 엇지 ᄆᆞ음이 펴일 ᄱᅢ 이시리오

내 마음도 이러ᄒ니 ᄒ믈며 그 부모되니와 그 ᄌᆞ뎨되니야 더욱 엇더ᄒ료 오호ㅣ라 희미ᄒᆫ ᄃᆞᆯ과 흐린 구롬의 쳐 풍이 쇼슬ᄒᆞᆯ ᄱᅢ 사댱의 졍법ᄒᆫ 넉슨 제 부모와 쳐ᄌᆞᄅᆞᆯ 부르며 내 엇지 금쥬령을 범ᄒ여 이 디경에 니ᄅᆞ뇨

_《어제경민음御製警民音》(1712) 중에서

그런데 이런 글은 어떤 방식으로 작성되었을까요? 흥미롭게도 그 궁금증에 대한 해답은 영조가 직접 같은 책 안에 밝히고 있습니다. 다음의 구절들을 살펴보겠습니다.

언어라는 세계

녯날을 싱각ㅎ읍는 ᄆ옴이 ᄀ결ㅎ되 ᄎ마 자지 못ㅎ야
불너 쓰이니 젼의 하교ᄒ 거슬 비록 언문으로 번역ㅎ야
반포ㅎ야시나 서어ᄒ 하교롤 설게 번역ᄒ 제 엇지 ᄌ셰
ㅎ며 ᄎᄎ 벗겨 뵐 제 ᄯ 엇지 ᄣ진 거시 없ᄉ랴 그러모
로 이번은 교셔관으로 박아 반포ㅎ니 글지 분명ㅎ야
비록 언문선류라도 가히 아라볼 거시니 이러ᄒ 후의 너
희 혹 범ㅎ면 비록 사쟝에 효시ᄒ 넉신들 엇지 감히 나
룰 원ㅎ며 그 부모 되니와 쳐ᄌ 되인들 ᄯ 엇지 감히 나
룰 원ㅎ랴 차홉다 너희등이 혜여 보라 빅슈의 늘근 부모
룰 ᄆ옴을 쓰게 ㅎ는 거시 올흐냐 칠슌 갓가온 부모룰
ᄆ옴을 쓰게 ㅎ는 거시 올흐냐

_《어제경민음》 중에서

옛 한글 표기로 이루어져 있어 알아보기가 쉽지는 않
으나 'ᄎ마 자지 못ㅎ야 불너 쓰이니(차마 자지 못하여 불러
쓰게 하니)'와 같은 구절로부터 영조가 이 내용을 입으로 불
러주어 주변에 시중드는 이에게 한글로 쓰게 한 후 그 내
용을 출판했음을 확인할 수 있습니다.

그리고 이 글을 읽을 사람이 백성이라는 점을 고려했

을 때 그들 상당수가 한글을 읽을 수 있다는 것을 전제한 것이라 볼 수 있습니다. 백성들과의 소통 수단으로서 한글을 인식하지 않고서는 임금의 절절한 육성이 그대로 드러난 저러한 책을 출판하기는 어려웠을 테니까요.

'글ᄌᆞᅵ 분명ᄒᆞ야 비록 언문선류라도 가히 알아볼 거시니'와 같은 구절에서는 영조가 백성들에게 소통 수단인 한글의 글자체가 시각적으로 명료하게 보여야 하는 점까지 신경 썼다는 점을 알게 됩니다. 네, 한글이 임금의 말을 전하는 중요한 수단이었다는 점을 임금이 백성에게 술 좀 그만 마시라고 읍소하는 이 한글 자료를 통해 알 수 있는 것입니다.

조선시대 왕과 백성 사이는 아득히 멀어 보입니다만 오늘날까지 남아 있는 이러한 소중한 흔적들에서 한글을 소통 수단 삼아 그 거리를 극복하고자 시도했던 우리 선조들의 노력을 읽어낼 수 있습니다. 세종의 한글 창제 이후 한글은 이렇게 가랑비에 옷 젖듯이 서서히 민중 사이에서 스며들고 있었던 것입니다.

언어라는 세계

몸에 거적을
빙빙 둘러 굴려라

갑자기 배탈이 나거나 열이 날 때 옛 사람들은 어떻게 했을까요? 지금이라면 약국이나 병원으로 달려갈 테지만 조선시대에는 그야말로 답이 없었을 것입니다. 가벼운 병이나 경상인 경우 일반 백성들 사이에선 민간요법으로 다스릴 수밖에 없었을 테고요.

지금도 배가 아프면 바늘로 손가락을 콕 찔러 피를 내막힌 기혈을 뚫는 등 민간요법이 꽤 남아 있습니다. 조선시대에는 의약품도 지금처럼 풍족하지 않았고 병원 같은 대중적인 의료기관이 발달한 상황도 아니었으니 이러한 민간요법이 요긴하게 쓰였을 테고, 또 그에 기대는 사람들도 많았을 것으로 짐작됩니다.

바로 이러한 민간요법의 내용을 한글로 표기하여 간행한 책들이 조선시대에 꽤 있었습니다. 나라에서 유용한 민간요법들을 정리해서 한글로 펴낸 이유는 '지식'의 전파에 있었다고 생각됩니다. 백성들에게 요긴한 의학 정보를 정리해서 널리 읽히고자 한 의도인 것이죠. 이를테면 '체했을 때엔 몸에 거적을 빙빙 둘러 굴려라'와 같은 것들이 그렇습니다. 사실 체한 경우 위장 운동에 장애가 있을 수 있기에 위 운동을 인위적으로 하게 하기 위해 이러한 방법을 사용하는 것은 당시 의학 상식으로 부적절한 것은 아니었을 듯싶습니다.

한편, 단순한 처방만 있었던 것은 아닙니다. 당시 산이나 들에서 얻을 수 있는 약초나 약으로 사용할 수 있는 음식물을 제시하고, 어떤 증상에 무슨 약초나 음식물이 좋은지, 어떤 방식으로 그것을 약제화해서 먹는 것이 좋은지 등을 구체적으로 제시하고 있습니다. 예를 들면 중풍 때문에 말을 하지 못하는 사람에게는 다음과 같은 처방을 제시하는데요, 여러 가지 약초나 음식물 같은 복수의 처방을 내리고 있다는 점이 주목됩니다.

ᄇᆞ룸 마자 말ᄉᆞᆷ 몯ᄒᆞ거든
회홧 고졀 구스게 니기 봇가 삼경 후에 평상 우희 졋바
뉘이고 ᄆᆞᆷ 조초 머기라
절로 주거 ᄆᆞ론 누에 닐굽 나츨 ᄀᆞ라
수레 프러 머기라

염교 찌허 쫀 즙을 머기라

계피 디투 글힌 믈 혼 되롤 먹고 두터이 더퍼 쏨 내라

쏘 계핏 골을 혀 아래 녀허 졈졈 그 므를 솜쪄도 됴ᄒᆞ니라

콩 디투 글힌 므를 머거도 됴ᄒᆞ니라

과ᄀᆞ리 말솜 몯ᄒᆞ거든 술 닷 홉을 사ᄅᆞ미

져제 섯거 눈화 두 번에 머기라

_《구급간이방》(1466) 중에서

중풍으로 말을 못하는 사람에겐 회화나무 꽃 약초 외에도 누에, 염교, 계피, 콩, 술, 인유 등 약이 될 만한 음식물을 음용 방법과 함께 구체적으로 제시하고 있습니다.

이렇게 나라에서 중요하고 긴요하다고 본 의학적 '지식'을 백성들이 알아보기 쉬운 '한글'을 매개로 전파하려한 흔적을 《구급간이방》 같은 책에서 살펴볼 수 있습니다. 한글은 이렇듯 가랑비에 옷 젖듯이 일반 백성에게 스며들어 실용적 지식이 널리 전파되는 데 중요한 역할을 해왔습니다. 오늘날 우리 삶 속에서 한글이 가지는 위상은 하루아침에 이루어진 것이 아닙니다.

군자의 모양은

ᄌᆞᆨᄌᆞᆨᄒᆞ니

오드리 헵번 주연의 〈마이 페어 레이디My fair Lady〉(1964)라는 영화는 19세기 방언을 심하게 구사하는 영국의 하류층 꽃장수 아가씨가 우연히 영국의 언어학 교수를 만나 교양과 품위 있는 말씨를 습득하는 내용을 담고 있습니다. 방언은 지역에 따라 분화된 '지역 방언'과 사회적 계층이나 연령 등에 따라 분화된 '사회 방언'으로 나뉘는데, 사회적으로 낮은 계층에 속한 이 꽃장수 아가씨의 경우 심한 사회 방언을 구사하죠.

그런데 이 영화에서 바람직하다고 여긴 말씨와 걸음걸이가 있었던 것처럼 조선시대에도 양반이라면 마땅히 취해야 하는 걸음걸이와 몸가짐이 따로 있었고, 이러한 몸가짐과 마음가짐이 어떠해야 하는지를 생생하게 묘사한, 이른바 생활 속 유교적 교양이 기술된 한글 책이 있었습니다. 《소학》의 한글 번역본으로,《번역소학》과《소학언해》라는 책이 바로 그것입니다.

그렇다면 어떤 걸음걸이와 몸가짐이 당시 이상적인

것이었을까요? 아래의 구절을 함께 보시죠.

군자君子의 모양은 즈녹즈녹ᄒᆞ니

교양 있는 양반 남자의 태도와 옷차림을 나타내는 말이 '즈녹즈녹ᄒᆞ니'에 드러나 있습니다. 국립국어원 표준국어대사전에 따르면, '자늑자늑하다'는 '동작이 조용하며 가볍고 진득하게 부드럽고 가볍다'라고 설명하고 있습니다.

사실상 말씨나 걸음걸이, 옷차림 등은 어떤 계층의 징표와도 같은 것이며, 사회적으로 바람직하다고 여겨지는 가치의 반사체 같은 것이기도 합니다. 유교사상이 숭상되던 중종 시대에 위와 같은 일상적 걸음걸이와 태도를 바탕으로 한 《소학》의 생활 속 실천 운동은 그 시대 지식인들 사이에서 대단히 유행했습니다.

조선의 지도층은 백성들이 유교 이념을 생활 속 실천을 바탕으로 완전히 내재화하기를 원했고, 그 도구는 바로 암행어사의 봇짐 속에 들어 있던, 유교적 생활의 실천 내용이 고스란히 한글로 번역된 책이었던 것입니다. 한글이 백성들 삶에 어느 정도 전파, 보급되지 않고서는 실행하기 어려운 일이었으며, 이미 조선의 지도층은 백성들과의 소통 도구로서 한글을 인식하고 있었다는 것을 잘 알 수 있습니다.

오늘날 시각으로 보면 한여름에도 땀을 뻘뻘 흘리며 긴 소매 옷을 갖추어 입고 걸음을 자늑자늑하게 하는 것, 어쩌면 단 일 초도 하기 힘든 일인지도 모르겠습니다.

좀 다른 이야기지만 다산 정약용이 전남 강진으로 유배를 간 이후 많은 책을 없앴는데, 그 가운데 남겨둔 책 중의 하나가 《소학》이었다고 합니다. 삶의 고난기에서도 《소학》의 내용처럼 삶에 임하는 태도를 아름답게 하지 않으면 안 된다는 것을 이 대학자는 알고 있었던 것 같습니다.

한 가지 분명한 사실은 정약용이 살았던 조선 후기뿐 아니라 이 책의 한글본이 간행, 배포된 조선 초기에도 《소학》은 이상적인 생활 속 교양과 일상의 태도를 백성들에게 제시하고 있었다는 점입니다. 폭풍 같은 일상 속에서도 삶을 대하는 기본적이고 고요하며 중심을 잃지 않는 태도, 말은 쉽지만 실행하기 어려웠기에 조선시대 내내 누구나 이해하기 쉬운 한글 책에 담아 널리 실천을 독려한 게 아니었을까요?

지식, 정보,
가치를 실어 나르다

앞에서도 여러 차례 이야기했듯이 한글 창제 이후 국가가 한글이라는 매개체를 통해 백성과 공유하거나 전파해야 할 지식과 정보, 가치 등을 다양한 양상으로 드러낸 결과물은 여러 한글 문헌으로 남아 있습니다. 여기에는 이념 서적, 왕실 관련 서적, 행위 준칙 서적, 붕당과 역모를 기록한 서적들이 있는가 하면, 의학, 교육, 구휼 서적 등 일반 백성의 효용에 중점을 둔 문헌들도 있었습니다. 종교 서적은 물론이고요.

사적인 편지들도 많이 남아 있는데, 다음(183쪽)과 같은 어린 왕자의 편지도 빼놓을 수 없습니다. 정조 임금이 어린 시절 친척에게 쓴 한글 편지입니다.

어린 정조가 쓴 편지뿐 아니라 사대부들이 종종 사적으로 쓴 한글 편지도 많이 남아 있습니다. 음을 시각화한 특이한 문자로서, 군주 한 사람의 이상적 통치 행위의 결과물로서 한글은 분명 기념비적인 유산입니다.

지금까지 살펴본 바와 같이 조선시대 내내 끊임없이

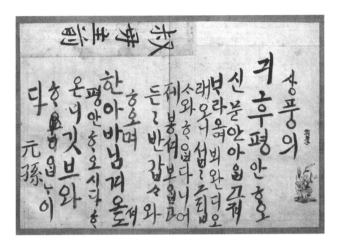

어린 정조가 쓴 한글 편지(출처: 국립한글박물관)

흐르는 샘처럼 이어온 한글의 확산과 사용의 역사, 그리고 옛 선인들의 분투가 있었기에 오늘날 한글이라는 큰 강이 펼쳐질 수 있었다고 생각합니다. 그리고 이제 그 큰 강물은 세계라는 더 큰 대양으로 전진 중입니다.

언어라는 세계

7.

한국어
배우기의

어제와 오늘

언어에는 개인 차원의 여정과 사회의 변천이 아로새겨져 있습니다. 한국어라면 한국인 개인의 모험과 한국 사회의 변천 그리고 그 모든 것의 영향이 고스란히 새겨져 있을 테고요. 다만 벽에 걸린 그림처럼 그것이 한순간 뚜렷하게 짠하고 드러나 보이지는 않는다는 것, 그래서 어찌 보면 언어는 이 세상 모든 것을 담고 있지만 어느 한순간도 그 전체가 우리 눈에 훤히 보인 적은 없는 작은 그릇과 같은 것이라고 해야 할지도 모르겠습니다.

이제는 한국어라는 그릇이 세계의 바다로 무한 전진 중이라고 해도 과언이 아닐 것입니다. 세계인들이 한국어를 배우고 심지어는 한국어 시험을 보며 한국어 노래를 듣고 부릅니다. 그들은 한국어를 배움으로써 자신의 모국어와의 차이로 생긴 한국인과의 문화적인 틈을 극복하고 있는지도 모르겠습니다.

그렇다면 한국인은 한국어와 다른 언어들의 차이를 언제부터 어떻게 느껴왔을까요? 옛 한국인들이 이러한 언어 차이를 인식하고 행한 일은 무엇일까요? 반대로 역사적으로 외국인들이 언어의 차이를 인식하고 그것을 극복하기 위해 한 일은 무엇일까요? 외국인들은 어떤 방식으로 한국어를 배웠을까요?

옛 사람들이 인식한
말의 차이와 극복 노력

성경에 따르면, 조물주는 바벨탑을 세운 인간의 오만에 대한 응답으로 언어의 차이를 만들었다고 합니다. 말에 차이를 둠으로써 서로 소통하지 못하게 한 것이 일종의 신의 징벌이었던 셈이지요. 그렇다면 언어를 배움으로써 서

언어라는 세계

로 다른 문화와 문명에 속한 사람들과 소통하고자 한 일은 신의 징벌을 극복하고자 한 인간의 분투라 할 수 있을지도 모르겠습니다.

그런데요, 이 분투의 여정은 사실상 차이에 대한 뚜렷한 인식으로부터 시작됩니다. 분투의 시작, 우리의 경우엔 한국어와 다른 언어의 차이가 언제부터 인식되었을까요?

한국어를 둘러싼 말의 차이는 이른 시기부터 한반도 주변의 외국인들에게 인지되었다는 기록이 있습니다. 우리가 역사책에서 많이 들어본 이름 중에 '말갈'이라는 민족의 부류가 있는데요, 이들은 '숙신'이라 불리기도 했고 '읍루'라 불리기도 했습니다. '말갈'은 한반도 일대에 거주하며 유목과 수렵을 즐기던 민족으로, 이들의 언어와 한반도에 거주하는 한국인들의 언어가 달랐다는 사실이 중국 역사서에 잘 제시되어 있습니다. 중국 북조의 역사서인 《북사北史》를 보면 이런 기록이 있습니다.

在高句麗北 言語獨異

고구려 북쪽에 있는데 언어가 홀로 다르다.

_《북사》, 〈물길전勿吉傳〉(659) 중에서

이 기록이 흥미로운 것은 한국어나 말갈어 사용자가 아닌 제3자인 중국인의 판단으로도 한국어와 말갈어가 확연히 차이를 보였고, 이를 기록으로 남겼다는 사실입니다. 말갈어와 같은 한반도 주변의 언어와 한국어의 차이는 이렇게 제3자에 의해서도 인식되었지만, 사실 한국인들은 훨씬 더 오래전부터 깨달은 일이기도 했습니다.

세종대왕이 쓴 훈민정음 서문을 한글로 번역한 내용에 따르면, '나라의 말이 중국과 달라 문자(한자)로 서로 통하지 아니하므로'라고 되어 있습니다. 언어 차이를 새로운 글자 창제의 직접적인 배경으로 인식하고 있었음을 알 수 있는 대목이죠.

정인지는 세종 시대의 대학자입니다. 이 대학자 역시 당시 문자 차이로 인한 어려움을 '그 음을 기록할 글자가 없어서 중국의 글자를 빌려 가지고 그 쓰임에 통용하고 있으나 이것은 마치 둥근 구멍에 모난 자루를 낀 것과 같이 서로 어긋나는 일이어서 어찌 능히 통달해서 막힘이 없겠는가'라고 표현하고 있습니다. 정인지 역시 언어 차이 때문에 다른 언어의 문자로는 우리 언어를 기록할 수 없다고 토로했던 거죠. 새로운 문자인 한글 창제에는 언어 차이에 대한 뚜렷한 인식이 바탕이 되었던 셈입니다.

언어 차이를 단순히 언어 차로만 인식하지 않으려한 노력은 우리 내부를 향한 '한글 창제'로도 나타났지만, 동시에 우리 외부를 향한 '외국어 학습'으로 발현되기도 했습니다. 고려시대는 물론 조선시대에도 왕이 신하들에게 외국어 학습을 강조해온 것이 바로 그것입니다. 마치 현재 우리나라 관료들에게 영어 회화와 같은 실무 외국어 능력을 강조하는 것과 비슷한 상황이었다고 할 수 있죠.

한글과
외국어 학습

조선 후기의 지식인 정동유(1744~1808)가 쓴 《주영편 晝永編》이라는 일종의 백과사전식 저술서가 있습니다. 당시 조선의 생활상과 시대상 등이 기술되어 있는데, 특히 관리의 패션에 대해 품평한 부분이 눈길을 끕니다. 이 책에는 역관(통역관)의 의복 문화에 대해 다음과 같이 서술하고 있습니다.

근래 역관들의 사치가 끝이 없다. 여우 겨드랑이 흰 털로 만든 옷이나 담비 갖옷을 입지 않고 명주 비단을 수십 겹 겹쳐 갖옷을 만들어 입는다. 그 값이 털가죽 옷보다 곱절 비싸며 가볍고 따뜻하기가 곱절이나 낫다. 수십 명에서 수백 명의 사람이 입을 옷감으로 옷 한 벌을 만드는 격인데 옛날 당나라 황제가 신을 버선을 비단을 첩첩이 쌓아 겹겹이 만든 것을 따라 한 것이다.

조선 후기에 값비싼 실크 옷을 겹쳐 입은 의복 문화에 대한 품평 자체도 흥미롭지만, 도대체 역관이라는 사람들이 어떤 계층이었기에 이렇게까지 사치를 부릴 수 있었는지 궁금할 따름입니다. 이 정도면 당시 패션을 선도했다고도 할 수 있을 듯합니다.

조선시대 역관은 중인 계층 정도 되는 사람들이었지만 조선 후기엔 중국 등지의 사무역私貿易에 관여함으로써 엄청난 부를 쌓게 됩니다. 사무역은 뛰어난 외국어 실력, 즉 중국어 회화 실력을 갖춘 덕분에 가능했습니다. 지금도 그렇지만 조선으로서는 당시 상대 무역국으로 중국을 빼놓을 수가 없었습니다.

정부가 주체가 되는 공무역과 달리 사무역에서는 사치품의 수입이 많았고, 당시 외국어 실력을 갖춘 역관은 중국 등지와의 거래를 통해 이러한 사치품 수입을 도맡음으로써 큰 부를 축적할 수 있었습니다. 비단 역시 사치품 수입 항목 가운데 하나였기에 중국 황제와 같은 역관들의 실크 옷 겹쳐 입기 패션이 가능했던 것이죠.

한편, 조선시대에 외국어 학습은 중국어에만 국한되지 않았습니다. 일본어, 청어(만주어), 몽고어에 이르기까지 한반도 주변 나라의 언어를 구사하는 역관들을 국가적 차원에서 양성했습니다. 역관 양성뿐 아니라 외국어 학습을 위한 교과서를 정부 차원에서 부지런히 간행하기도 했고요. 생소하지만 《노걸대老乞大》, 《박통사朴通事》, 《청어노걸대淸語老乞大》, 《몽어노걸대蒙語老乞大》, 《첩해신어捷解新語》, 《인어대방隣語大方》 등이 조선시대 정부에서 간행된 외국어 학습서의 이름입니다.

이러한 외국어 학습서의 편찬은 사실상 한글이 창제됨으로써 더욱 힘을 받은 측면도 있습니다. 왜냐하면 외국어 학습서 분량의 절반가량은 해당 외국어에 대응하는 한국어 번역문이 실렸고, 이러한 한국어 번역문은 책에 수록된 외국어의 뜻을 보다 정확하게 드러낼 수 있었기 때문입니다. 그러니까 오늘날 영어 회화 교과서에 영어 회화와 함께 그에 대응하는 한국어 번역문이 실려 영어 문장의 뜻을 명확하게 보여주는 것과 비슷한 상황이었다고 생각하면 이해가 쉬울 것 같습니다.

여하튼 조선시대 외국어 학습은 언어 차에 따른 한반도 주변과의 소통상 어려움을 극복하여 외교를 진작하는 것에 더해 무역에서의 실리 추구를 위해서도 필요했을 것으로 보입니다. 앞서 왕들도 외국어 학습을 중요시했다고 했는데요, 몇몇 사례는 《조선왕조실록》을 통해서도 확인할 수 있습니다. 그 내용을 잠시 살펴보겠습니다.

임금이 좌우의 신하들에게 이르기를,

"통사通事로서 요동遼東에 간 자에게는 그대로 머물러 있으면서 중국어(한어)를 전습하게 하는 것이 유익하지 않겠는가."

_《조선왕조실록》, 〈세종실록〉(1432) 중에서

위의 실록에 따르면, 훈민정음을 창제한 세종 역시 신하로 하여금 외국어를 습득하도록 권유하는 발언을 하고 있습니다. 일종의 현지 어학연수를 권하고 있는 셈이죠.

그런가 하면 세조 역시 직무가 한가로운 관료에게 중국어(한어)를 배우도록 하라는 지시를 내리고 있습니다.

이조에 전지하기를,

"금번에 간택揀擇한 강이문신講肄文臣은 모두 본관으로써 승문원承文院의 직책을 겸대兼帶하게 하고, 그 직무가 한가로우면 혹은 승문원에 근무하고 혹은 강이원講肄院에 근무하여 한어漢語와 이문吏文을 강습하게 하라."

_《조선왕조실록》, 〈세조실록〉(1457) 중에서

또 중종 역시 효과적인 외국어 습득을 위해 현지 학습을 권유하고 있습니다.

지금은 단지 주양우朱良佑 한 사람이 있으니, 주양우와 다른 나이 젊은 문관을 따로 화어華語 교육을 부지

런히 시키고 때때로 북경에 가서 학습을 넓히게 하는 것이 어떻겠는가? 사관史官을 보내 삼공에게 의논하여 아뢰라.

_《조선왕조실록》, 〈중종실록〉(1544) 중에서

그렇다면 언어 차이에 대한 일반 백성들의 인식은 어떠했을까요? 외국어 학습서 중 하나인 《노걸대》에는 옛 사람들의 언어 차이에 대한 인식을 엿볼 수 있는 대화가 나옵니다. 그 내용을 옮기면 다음과 같습니다.

너는 高麗ㅅ 사롬미어시니 漢人의 글 빅화 므슴홀다 네 닐옴도 올타커니와 각각 사르미 다 웃듬으로 보미 잇ᄂ 니라 네 므슴 웃듬 보미 잇ᄂ뇨 네 니르라 내 드로마 이 제 됴뎡이 텬하를 一統ᄒ야 겨시니 세간애 쓰노니 漢人 의 마리니 우리 이 高麗ㅅ 말소믄 다믄 高麗ㅅ 싸해만 쓰ᄂ 거시오 義州 디나 中朝 싸해 오면 다 漢語 ᄒᄂ니 아뫼나 혼 마를 무러든 쏘 디답디 몯ᄒ면 다른 사르미 우리를다가 므슴 사ᄅ 몰 사마 보리오

언어라는 세계

전체 내용을 다 파악하기는 어렵지만 밑줄 친 부분을 살펴보면 '고려 땅에서만 한국어를 사용할 뿐 의주를 지나 중국 땅에서는 한어를 사용한다'는 내용을 확인할 수 있습니다. 즉 국경을 넘어가면 달라지는 언어에 대한 인식과 함께 다른 나라 땅에서 그 나라 언어를 몰라 의사소통을 하지 못할 경우를 염려하는 내용이 담겨 있습니다. 외교, 무역 등 실용적 이유로 외국어 습득이 필요함을 인식하고 있었던 것이죠.

이렇게 우리 선조들은 언어 차이로 인한 소통의 어려움을 극복하기 위해 과거에도 외국어 학습의 필요성을 절실히 느끼고 있었습니다. 그렇다면 반대로 먼 곳에서 온 외국인들이 한국어를 배워온 역사적 발자취는 어떠했을까요? 이 역시 그대로 지나칠 수 없는 흥미로운 면들을 다양하게 보여줍니다.

역사 속 외국인들의
한국어 배우기

아래와 같은 기록은 언어 차이에 대한 인식과 더불어 외국인의 한국어 배우기의 역사가 우리가 생각하는 것보다 훨씬 장구하다는 것을 보여줍니다.

乙未 令美濃 武藏三國少年 每國二十人習新羅語 爲征新羅也

_《속일본기續日本記》중에서

이 기록에는 이미 삼국시대부터 일본인들이 신라어를 배웠다는 내용이 담겨 있습니다.

신라에 이어 고려시대에도 한국어 교육에 사용되었을 것으로 보이는 교재들을 발견할 수 있습니다. 고려시대 송나라 손목孫穆이 지은 《계림유사鷄林類事》와, 명나라의 역관 교재로 쓰인 중국어와 한국어의 대역對譯 어휘집 《조선관역어朝鮮館譯語》와 같은 책이 그렇습니다.

앞서 《노걸대》, 《박통사》, 《청어노걸대》, 《몽어노걸대》,《첩해신어》 등이 조선시대에 나라에서 간행한 외국어 학습서들이라 했는데, 책 속에 한국어 번역문과 해당 외국어의 학습 내용이 함께 실렸기에 이들은 사실상 한국어 학습서로도 사용 가능한 책들이었습니다. 다만 이 책들을 펴낸 원래 목적이 기본적으로 외국어 학습에 있었기에 실제로 한국어 교육에 사용되었는지는 역사적 기록으로 명백하게 입증되지는 않았습니다.

한편, 통역관 양성을 위해 1872년 한어사韓語司에서 실시한 한국어 교육에 대한 기록으로,《교린수지》나《인어대방》과 같은 여러 종류의 책들이 조선어 학습서로 사용되었다는 기록이 남아 있습니다. 조선과 일본은 인접한 국가로서 언어와 문화에 있어서 오랜 교류의 역사를 가지고 있는 만큼 두 나라 언어를 배우고 익히는 것은 적대와 공존의 역사에서 오랫동안 지속되어온 일이었습니다.

그런가 하면 일본인뿐 아니라 조선 후기에서 구한말에 이르기까지 한국, 일본 등지에서 활약한 서양인 선교사나 외교관들이 한국어를 학습한 경우도 상당합니다. 그들의 학습은 자발적인 경우가 대부분이고, 일본인들과 다르게 한국어 교재로 활용할 수 있는 학습서 등이 따로 없었기에 스스로 한국어 학습서를 편찬하기도 했습니다.

현재 전 세계적으로 한국어를 배우는 사람들이 수만 명에 이르고 있는 점과 비교하면 그 시작이 다소 미미했다고 볼 수도 있지만, 이들이 한국어 학습을 넘어 한국학 연구를 스스로 행하는 학자적 성취까지 이루어냈다는 점을 고려하면 그 시작의 의의가 결코 작지 않을 것 같습니다.

구한말 외교관의
한국어 배우기

영국인 W. G. 애스턴W. G. Aston(1841~1911)은 일본을 중심으로 활동한 외교관이자 통역관이었고, 한국의 영사를 겸하기도 했습니다. 그는 한국의 옛 책들을 수집했으며 한국어에 대한 중요 논문도 남겼습니다. 잘 알려져 있진 않지만 갑신정변의 그 뜨거운 역사적 현장을 직접 목격한 파란 눈의 외교관이기도 했습니다. 갑신정변의 현장에서 받은 충격으로 나중에 병을 얻었다는 등 그와 관련하여 전하는 이야기들이 많습니다만, 무엇보다도 한국어 배우기와 관련하여 애스턴에게는 특별한 무언가가 있었던 것 같습니다.

그는 일본에서 한국어를 배우면서 한국어 학습에 대해 동료와 주고받은 서신과 일기 등을 남겼는데, 다음은 그 중 일부 내용입니다.

로스Ross의 책을 읽은 한국인 통역사에게 들은 바에 따르면, 로스가 아는 바가 별로 없는 것 아닌가 하는 생각입니다. 왜냐하면 그 책이 한국인에 의해 중국어 문장들이 한국어 문장들로 번역된《만다린 프라이머 Mandarin Primer》의 번역서처럼 여겨지기 때문입니다. … 마치 브라운Brown의《일본어 일상 회화Colloquial Japanese》초판처럼 말입니다. (그 책의) 문장들 다수가 한국인들이 사용하지 않는다는 이유로 나의 한국인 통역사에 의해 받아들여지지 않았습니다. 차라리 그 책이 한국어와 함께 그 어원이 한자로 표기되어 있었다면 더 알아보기 쉬웠을 수도 있습니다.

_1879년 3월 4일 서신,
《선구적 일본학자의 서신 1870~1918년The Correspondence of a

위 서신에 따르면, 그는 다른 서양인이 쓴 한국어 교재인《만다린 프라이머》에 대해 비판적으로 평가하고, 한국어 학습자로서 그 교재를 사용하는 데 있어 어려운 점을 제기하고 있습니다. 이러한 내용으로 미루어보건대 당시 구한말 일본이나 한국에서 한국어 학습을 하거나 한국어 교재를 편찬한 이들 간엔 서로 교류가 있었고 교재에 대해서도 자유롭게 토론했음을 알 수 있습니다.

이 서신의 또 다른 부분을 참조해보면 애스턴에게는 한국어를 가르치는 김재국이라는 한국어 교사가 있고, 애스턴은《교린수지》등을 활용하여 한국어 학습을 했다는 기록이 나옵니다. 그런가 하면 당시 조선과 일본은 긴장 관계에 있었기에 자신의 한국어 학습을 일본인들에게 드러내지 말아달라고 언급하는 부분도 서간문에 포함되어 있습니다.

애스턴이《교린수지》를 활용하여 한국어를 배운 것은 상당히 이례적이라 할 수 있는데, 그 이유는《교린수지》가 일본인을 대상으로 만든 교재이기 때문입니다. 일본인이

이 책을 한국어 교재로 활용한 것은 당연한 일이지만 애스턴 같은 서양인이 《교린수지》를 한국어 교재로 활용한 것은 상당히 주목을 받는 일임에 틀림없습니다. 그렇지만 그것은 애초 그가 일본어에 능통한 외교관이었던 점을 감안하면 정확한 한국어 문장의 의미를 알아내는 데 있어 일본어와 한국어가 병기된 《교린수지》와 같은 회화책을 활용하는 것이 어쩌면 당연할 수도 있겠다 싶습니다.

　다음에 제시하는 《교정 교린수지校訂 交隣須知》 사진은 실제 케임브리지대학 도서관이 소장하고 있는 애스턴 장서의 일부로 필사본이며, 애스턴이 한국어 학습에 사용했던 책입니다. 케임브리지대학 도서관 야요이 관에는 한국 서적이 일본 서적들과 중국 서적들 사이 곳곳에 소장되어 있습니다. 오른쪽 사진을 보면 애스턴이 공부하면서 손수 한국어로 필기를 한 흔적이 보입니다. 19세기 말 한국어를 배우기 위해 분투했던 서양 외교관의 노력을 확인할 수 있습니다.

《교정 교린수지》(케임브리지대학 소장)

서양 외교관의
한국어 스터디와 〈학습일지〉

애스턴과 관련하여 특별한 이야기가 또 하나 있습니
다. 그가 한국어를 학습하는 것을 넘어 사토우Satow 등 재
일 외교관 및 한국학 학자들과 교류하고 연구 그룹을 형성
하며 장서를 수집하는 등 적극적인 학문적 활동까지 했다
는 사실입니다. 우선 한국어와 한글에 대한 연구의 기초가

언어라는 세계

된 애스턴의 책들은 같은 시기 일본에 주재했던 외교관 사토우와의 교우 속에서 얻은 것이 많습니다.

당시 일본 등을 중심으로 동아시아에 주재했던 애스턴, 사토우, 체임벌린Chamberlain, 앤더슨Anderson, 디킨스Dickins, 와터스Watters 등은 학문적으로 동아시아학 연구 중심의 공동체적 행보를 보였고, 특히 이들 중 사토우와 애스턴은 한국 책 수집에 열의를 보였습니다. 이들은 서로의 장서를 자기 것인 양 주고받기도 하고 책 수집 여행을 함께 하는 등 한국어와 한국에 대한 일종의 스터디 그룹을

좌: 애스턴의 〈학습일지〉(케임브리지대학 소장)
우: 윌리엄 애스턴 초상(출처: Wikimedia Commons)

형성하여 활동하기도 했습니다.

심지어 애스턴은 이러한 스터디 활동을 넘어 일종의 〈학습일지〉까지 작성해서 남겼는데, 그것이 오늘날에도 현존합니다. 영국 케임브리지대학 도서관에 남아 있는 애스턴의 〈학습일지〉를 살펴보시죠.(202쪽 그림).

이 〈학습일지〉에 기록된 내용을 보면《교린수지》의 한국어 문장을 애스턴이 직접 베껴 쓴 필기 내용이나 한국어 문형을 연습한 내용이 적혀 있습니다. 한국어 문장에 대해 영어로 초급 수준의 간단한 번역문을 기재하기도 했는데, 한국어 동사나 형용사의 기본형 및 활용형과 함께 이에 대한 영어 설명이 필기체로 적혀 있습니다. 19세기 말 벽안의 서양인이 한국어를 배우고자 열심히 노력한 흔적이 고스란히 우리 눈에 들어옵니다.

서양인 선교사가 수집한
한국어 속담들

외교관과 함께 일찌감치 한국에 들어온 서양인 선교

사들은 우리나라 속담을 수집하기도 했습니다. 때로는 우리 속담을 자국의 속담과 비교하여 발표하기도 했고요.

19세기 선교사 랜디스Landis는 《코리안 리포지터리 Korean Repository》(1892~1898)라는 영문 잡지에 100개의 한국어 속담과 함께 그에 대한 영문 번역문을 기록으로 남겼습니다. 다음에 제시하는 속담들이 그 일부입니다.

1.쎙먹고알도먹고 2.불업논화로 3.쏠죽은사회 4.시루에물붓기 5.거죽문에돌져귀 6.쟝마다망둥이날기 7.독틈에탕관 8.냥손에쩍쥔다 9.함흥차수 10.고릭싸홈에시우둥터진다 11.븨주고속비러먹기 12.젹슴업고은가락지쎄기 13.약은괴밤눈어둡다 14.져먹기논실혀도긔주기논앗갑지 15.독가비쓸긔잇시가 16.안기쎠잇시사 17.잠자리눈셥잇시가 18.고초나무송진잇시가 19.칼노물버히기 20.즁도못밋고속인도못밋지 21.졔칼남이칼집에두기가어렵지 22.못먹을나물졍월부터난다 23.짜리논셔방뮙지아니후여도말리논시어미뮙다 24.비단옷닙밤길간가 25.돌노치면돌노치지 26.즁이머리비시가 27.소ㅣ귀에경일기 28.하눌이문어져도소사나올구멍잇지 29.남잡은

쇠발마지기 30.모긔보고환도쎄기 31.호랑이보고놀는사롭고양이보고놀나겟네 32.우물에안즌기고리 33.키만크면어룬되게 34.고초커셔미운가 35.모로가도셔울만가면쓰지 36.디렁이도드듸면쭘젹ㅎ지 37.쉬자란나무단단치못ㅎ지 38.암듥이운다 39.삼간집이다타도빈듸죽는것만시원ㅎ다 40.몰머리에쏠이낫가

랜디스가 기고한《코리안 리포지터리》라는 잡지를 살펴보면 이 선교사가 단순히 속담만 수집한 것이 아니라는 사실을 알 수 있습니다. '1.쇰먹고알도먹고'의 경우 영어로 'kill two birds with one stone'과 같은 뜻이라는 점을 설명하고 있고, 마찬가지로 '콩심은대콩나고팟심은대팟나지', '독쟝ㅅ구구'의 경우도 각각 'Like father, like son', 'Counting one's chickens before they are hatched'와 같이 동일한 뜻의 영미권 속담을 밝혀놓고 있습니다. '9.함흥차ㅅ'에 대해서는 태조 대왕과 관련한 역사에 얽힌 고사를 간단히 설명하기도 합니다.

한국어 배우기, 속담 비교 등을 넘어서 다음에 소개할 선교사는 한국어를 좀 더 효율적으로 가르치기 위해 새로

운 교수법을 제안하기도 했습니다. 한국어 교사 교육에 중요한 업적을 남긴 셈인데, 19세기 말 한국에서 활동한 선교사 스왈른Swallen이 바로 그러한 자취를 남긴 선교사입니다.

사과 묘목과
한국어 교수법

19세기 말 한반도에서 활동한 미국인 선교사 윌리엄 L. 스왈른William L. Swallen은 황주와 대구 지역에 미국에서 가져온 사과 묘목을 보급한 선교사입니다. 지금도 황주와 대구 지역이 사과가 유명한데, 그것이 스왈른 선교사의 묘목 나눔으로 시작되었다는 것을 아는 이는 많지 않은 것 같습니다. 스왈른은 후에 평양 지역에서 직접 과수원을 하면서 선교 활동을 하기도 했습니다.

과수원 선교사인 그는 구한말 서구 외국인 선교사들을 중심으로 기고와 발행이 이루어졌던 《코리안 리포지터리》라는 영문 잡지에 종종 글을 실었는데, 그 가운데 효과적인 한국어 학습을 위해 필요한 언어 교수법인 '구앵 직접 교수법Gouin Direct Teaching Method'을 제안하고 그 적용의 절차와 유용성을 소개한 바 있습니다.

다음 사진은 그가 '구앵 직접 교수법'을 한국어 문장에 직접 적용시킨 방법과 그 내용을 《코리안 리포지터리》에 소개한 일부분입니다. 그에 의해 제안된 이 교수법은 특정한 명사나 동사를 반복적으로 변형된 문장 안에 노출시켜 문장 전체를 연습하게 하는 방식으로 이루어집니다.

여기서 스왈른은 일단 '문 여는 말공부'라는 구체적인

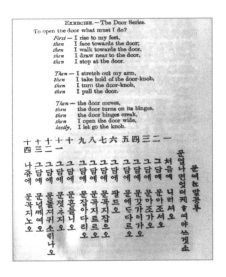

언어라는 세계

장면을 설정하고, 도입문으로 의문문인 '문 열나면 엇더케 ᄒ여야 쓰겟소'라고 적고 나서 14개의 연쇄 동작을 설정한 뒤 그 하나하나에 대한 문장을 응답 형식으로 배열하고 있습니다.

이렇게 연쇄적으로 배열된 문장은 모두 서로 다른 동작을 바탕으로 논리적 순서대로 나열되며, 이 나열된 모든 문장들이 지시하는 동작은 문을 여는 동작이 실제로 이루어지기 전에 행해져야 하는 것이기에 학습자들은 반복된 어구를 바탕으로 문 여는 동작에 대한 한국어 표현을 모두 배우게 되는 셈입니다.

19세기 말 스왈른 선교사는 자신이 가져온 사과 묘목과 자신이 착안한 이와 같은 한국어 교수법이 한국에 널리 퍼지기를 바랐던 것 같습니다.

8.

인공지능과
언어를

인공지능 시대와
말

바야흐로 인공지능의 시대입니다. 인공지능이라는 말을 듣지 않고 하루를 보내기 어려운 요즘이고요. 그야말로 인공지능이 시대의 화두로서 한 자리를 차지하고 있는 것 같습니다. 인공지능 청소기, 인공지능 오디오, 인공지능 세탁기, 인공지능 드라이어 등 온갖 가전제품 이름 앞에도 일상적으로 등장하는 것을 봅니다.

인공지능이란 말의 영토 확장은 끝이 없는 것 같습니

다. 그런데 인공지능을 전공한 어느 학자의 말에 따르면 우리 주위에 '인공지능 ○○○○'라고 명명하는 많은 것들이 실제로는 인공지능과 거의 아무런 관계가 없는 것들이라 합니다.

최근 자동화가 극대화된 기계 명칭에 인공지능이라는 말을 포함시킴으로써 가전 회사들은 최첨단 제품임을 과시하는 효과를 보고 있고, 소비자들은 이에 어김없이 매혹되어 '인공지능'이 붙은 상품을 구매하게 된다는 거죠. 이제는 인공지능이 제품명에 포함되지 않은 가전제품은 전부 구닥다리처럼 여겨질 정도입니다.

그럼에도 인공지능 시대가 도래한 것만은 부인할 수 없습니다. 그리고 우리는 우리도 모르는 사이에 인공지능과 교류하고 그에 영향을 받으며 살아가고 있는 것 같습니다.

유튜브 알고리즘이 우리가 관심 있어 하는 영상을 콕 집어 첫 영상으로 띄울 때엔 우리 자신의 욕망에 대해 다시 한 번 자각하게 됩니다. '아, 내가 이런 데 관심이 있었지' 하고요. 그리고 또 한편으로는 '어떻게 유튜브가 내가 이런 데 관심이 있다는 걸 알았을까' 하는 약간의 께름칙함을 느끼기도 합니다. 마치 나의 숨겨진 욕망을 낯선 이에게 들켰을 때처럼 말입니다. 이러한 삶의 방식이 지속되다 보면 언젠가 나보다 더 나를 잘 아는 인공지능이 가능해질지도 모르겠습니다. 사실 이런 생각을 하다 보면 오싹해지기까지 합니다.

여기서 인공지능에 대한 두려움이나 인공지능의 언어 자체에 대해 이야기하는 것은 끝도 없을 테고, 본격적으로 그 문제를 풀어낼 자리도 아닌 것 같습니다. 그렇지만 인공지능과의 대화가 우리 일상을 파고들고 있는 지금, 한국어의 구체적 맥락 속에서 대화형 인공지능과 소통할 때 한국어의 어떤 빛깔이 고려되어야 할지, 그리고 앞에서 말한 두려움이 가능성에 그칠 뿐인지 아니면 정말 눈앞에 당면한 것인지는 짚고 넘어가야 할 것 같습니다.

인공지능 시대와
말과 생각의 틀

소통하는 대화를 만들기 위해서는 말하는 이와 듣는 이 사이에 '말과 생각의 틀'이 공유되어야 합니다. 여기서

'말'이라는 것은 사실상 말 자체의 '내용'에 해당하고, '말의 틀'이란 것은 그것이 드러나는 '맥락' 등을 다 포함하는 것입니다. '말의 틀'은 요즘 유행하는 '프레임frame'이란 개념과 유사합니다. 어떤 배경, 어떤 틀 속에서 이야기하느냐에 따라 '말'은 그 내용도 빛깔도 효과도 달라질 수 있습니다. 예를 들어볼까요?

'선전propaganda'이란 단어는 서구 사회에서는 부정적으로 인식되는 개념입니다. 대개 선전은 '선동'과 비슷한 뜻으로 이해되죠. 선동이라는 말이 풍기는 '의도적인 대중 여론 조작'을 연상시키는 부정적인 어감이 선전에도 그대로 투영되어 있다고 할 수 있습니다. 그러나 사회주의나 공산주의 사회에서 선전은 매우 긍정적인 의미로 받아들여지고 있습니다. 추상적 사상이나 감정을 구체적으로 구현하여 대중의 여론을 선도하는 그런 긍정적 도구로 말이죠.

사실 유독 음성으로 구현된 말만 어떤 틀 안에서 쓰이느냐에 따라 뜻이 달라지는 것은 아닙니다. 앞서 '침묵'에 대해 알아보았는데요, 음성 실현과 무관한 침묵이 얼마나 많은 의미를 가질 수 있는지, 침묵 그 자체가 그야말로 얼마나 큰 소리 없는 아우성인지 우리는 잘 알고 있습니다.

'말하지 않음'의 뜻이 한국에서냐 서구 사회에서냐에 따라 달라질 수 있다는 것, 침묵 앞에 서 있는 청자가 누구냐에 따라 그 의미가 달라질 수 있다는 것, 이것만 봐도 '말'과 '말하지 않음'의 '뜻'이 얼마나 특정한 틀에 매어 있는지 잘 보여주는 것 같습니다.

그런 측면에서 대화형 인공지능의 발전은, 앞으로도 인공지능과 대화를 이어가야 할 우리들에게 새로운 숙제를 던져주는 것 같습니다. 인간활동에서 대화를 기반으로 하지 않는 일은 드물기 때문이죠.

이미 면접을 수행하는 인공지능, 서류를 평가하는 인공지능, 의료적 진단을 수행하는 인공지능, 배정 학교를 결정하는 인공지능이 곳곳에 등장하기 시작했는데, 이들 중 많은 경우가 인간과의 대화를 기반으로 그 기능을 수행합니다. 이러한 인공지능의 도입은 평가나 진단과 같은 전문적 판단이 요구되는 영역에서 인간이 무의식적·의식적으로 편견을 개입시킬 수 있다는 점에 대한 해결책으로 제시되곤 합니다. 아울러 오류가 없는 정확한 결과를 산출한다는 의미도 부여합니다. 마치 전자제품의 명칭에 인공지능을 포함시킴으로써 최첨단 제품이라는 인상을 강하게

주는 것처럼 말이죠.

　'평가'와 '진단'이 이루어지는 곳에서 '공정'과 '편견 없음'이라는 인식을 주기 위해 인공지능이 투입되는 것은 분명 이해할 만한 일입니다. 인공지능은 인간이 아니기에 편견에서 자유롭고 그만큼 공정하다는 기대감을 가질 수도 있을 테니까요. 그런데 문제는, 과연 이런 기대가 100퍼센트 충족될 수 있느냐 하는 겁니다. 항상 그런 것은 아니지만 때로는 인공지능의 판단 결과가 공정하지 않다는 내용도 보고되기 때문입니다.

　바로 이 공정성 문제 때문에 아마존이 인공지능 채용 프로그램을 폐기했다는 사실은 꽤 유명한 일입니다. 채용을 위한 제출 서류에 지원자들의 성별을 적지 않게 했음에도 여대 졸업 사실이나 여성 스포츠 동아리 이름이 지원서에 포함되어 있으면 결과적으로 채용에 불리하게 작용했는데, 그 이유는 그전까지 아마존에 여성 지원자가 많지 않았고 임원 승진자는 더더욱 드물었기에 이런 '역사'를 학습한 인공지능이 실제로 여성보다 남성을 더 적합한 채용 대상자로 추천했기 때문입니다.

　그런데 이러한 양상이 단순히 일반 회사의 채용 과정

을 넘어서 출입국 심사 및 난민 심사, 다문화 배경 거주인에 대한 귀화 심사 등 공공의 이익과 관련된 상황에서도 일어날 수 있다면 어떨까요? 우리는 이 점을 기억할 필요가 있습니다.

아마존의 사례들은 인공지능이 특정 방향으로의 '전형성'을 선발에 있어서 중요한 기준으로 설정하기 쉽다는 것을 보여줍니다. 인공지능은 기존 데이터의 '패턴'을 찾는 방식으로 학습하고, 그렇게 학습한 패턴을 활용하여 기능을 수행하게 마련입니다. 그렇기에 그 수행 결과가 '전형성'을 보여주는 것은 인공지능의 작동 원리를 고려할 때 당연한 결과라고도 할 수 있습니다.

또 다른 예는 우리나라의 상황과 관련이 있습니다. 찬사와 기대 속에 큰 비용을 들여 도입한 의료 인공지능 왓슨Watson이 진단과 처방 과정에서 한국 환자의 생리적·신체적 특성을 포함한 데이터를 반영하지 않아 현재는 의사의 판단 과정에서 보조적 역할만 수행하고 있다고 합니다. 이러한 결과가 초래된 까닭은 인공지능의 훈련 데이터 집합이 대상 집단의 다양성을 반영하지 못하고 전형적인 백인 남성 위주로 구성되었기 때문입니다. 즉 환자의 인종적·민족적 차이에 따라 생리학적 특성이 다를 수 있다는 점을 간과한 것입니다. 심지어 이런 인공지능이 적어도 그 업무를 인간의 음성언어를 기반으로 해야 함에도 '서류'와 같은 문자언어를 중심으로 데이터를 활용했다는 점 역시 문제로 드러났습니다. 대단히 고정적이고 확정적인 데이터를 기반으로 기능을 수행한 셈이죠.

여기서 우리가 주목해야 할 것은 이런 데이터 값을 기반으로 한 까닭에 피하지 못한 '전형성'과 '맥락 무시'라는 문제가 챗봇이나 소셜봇처럼 의사소통의 참여자로서 인간에게 접근하는 인공지능의 수행에도 유사하게, 혹은 보다 더 심각하게 나타날 가능성이 있다는 것입니다.

인간의 언어는 상당히 광범위한 국면에서 비정형적이고 불규칙적으로 나타나기도 합니다. 특히 대면 대화에서 인간의 음성언어와 몸짓언어는 불확정적·가변적·개별적인 측면이 강합니다. 음성언어를 통한 대화는 문자언어에 비해 비논리적이거나 비문이 자주 나타날 수도 있습니다. 전반적으로 대화 참여자의 언어 능력과 문화적 배경이 작동하지만 개개인이 발현하는 개인어의 독특성 또한 간과해서는 안 됩니다.

특히 우리가 주의해야 할 점은 음성언어가 입혀진 인공지능의 경우 이 비정형적·가변적 음성언어와 비언어적 행위를 기반으로 한 인간의 반응을 실시간으로 기록 및 학습하여 판단의 근거로 삼게 되는데, 사실상 이미 선발된 이들에 대한 축적 데이터를 기반으로 하고 있기에 차별과 공정성의 문제를 낳을 수도 있다는 것입니다. 인공지능은 입력된 데이터 값의 한도 내에서 계산을 수행하므로 축적 데이터가 어느 쪽으로 편향되어 있다면 계산 결과 값 역시 편향적으로 나올 가능성이 꽤 높습니다.

예를 들어보죠. 특정 직책에 적합한 사람을 선발하는 과정에서 인공지능은 대면 상황에서의 어조, 머뭇거림, 시선 처리, 옷차림 등에 대해 이미 기존 선발된 이들의 데이터로부터 가장 전형적인 유형을 추출하고, 그 유형에 맞지 않는 지원자의 경우 배제할 가능성이 큽니다. 그런데 인공지능에 축적된 데이터상에서 전형적이지 않은 옷차림 때문에 누군가가 선발되지 않는다면 그것이 과연 인공지능을 투입해서 애초 획득하고자 했던 '공정성'에 부합하는 일일까요?

이러한 상황은 어떤 직책에 응시하려고 하는 한국 거

주 다문화 배경 지원자의 경우 더 큰 문제로 불거질 수 있습니다. 어조, 시선 처리, 옷차림, 억양 등과 같은 비언어적 특성들은 아무리 한국어에 능숙한 다문화 배경 지원자라 해도 인공지능이 판단하는 '전형성'의 범주에서 멀어지기 쉽기 때문입니다. 더욱 구체적으로는 최근 세계적 쟁점으로 떠오르고 있는 난민 인정 심사, 귀화인 인정 심사와 같은 경우를 들 수 있을 것 같습니다.

분명한 것은 이렇게 인간의 언어 능력을 모방한 인공지능이 인간의 '주관성'을 제한하고 '공정성'을 확대하기 위한 명분으로 선발, 결정, 배제, 진단 등의 행동 영역에 투입되고 있고, 또 그러한 투입이 확장 일로에 있다는 것이 지금 우리가 당면한 현실이라는 점입니다.

사실상 인공지능과의 대화를 전제로 할 때 의사소통의 양상에 대한 성찰은 전혀 다른 새로운 문제를 제기하고 있다고 볼 수 있습니다. 여기서 문제의 핵심은 차별을 배제하고 공정성을 획득하기 위해 투입된 인공지능이 인간의 의사소통에서 제기되는 여러 가지 문제들에 의해 오히려 차별과 불공정을 증폭시킬 우려는 없는지 성찰해볼 필요가 있다는 데 있습니다.

인공지능에게
농담을

〈엘리시움〉(2013)이라는 영화에서는 농담을 알아듣지 못하는 인공지능 로봇으로 인해 주인공이 범죄자로 낙인 찍히는 장면이 나옵니다. 지나가는 행인을 검문하고 배낭을 검색하는 대화형 인공지능 로봇은 거리를 지나가는 주인공에게 가방 속에 무엇이 들어 있는지를 묻습니다. 완전히 빡빡 민 대머리로 머리털이 전혀 없는 주인공은 배낭에 젤과 같은 헤어 용품이 들어 있다고 농담으로 답을 합니다. 하지만 농담을 알아듣지 못하는 대화형 인공지능 로봇은 배낭에 헤어 젤이 없는 것을 확인하고 주인공을 체포합니다.

물론 이 장면에서 주인공은 인공지능이 농담을 알아듣지 못할 거라고는 전혀 생각하지 못했을 것입니다. 농담이 농담으로 받아들여질 수 있으려면 대화 당사자들 사이에 농담이 가능하다는 사실을 미리 공유하고 있어야 합니다.

사실 대머리가 아니었다면 주인공은 이 같은 농담을

하지 않았을 것입니다. 본인이 대머리인데 가방 속에 뭐가 들어 있냐고 묻는 상황이 생기면서 주인공이 헤어 젤 이야기를 꺼낸 것입니다. "헤어 젤이 있습니다"라는 말이 항상 농담이 되는 것은 아니지만, 마침 주인공이 처한 특수한 상황이 이 문장을 농담으로 기능하게 한 것이죠.

이러한 특정한 상황이 또 다른 변수인 문화라는 틀과 겹쳐지면 그때의 문장은 콕 집어 어떤 모양이라고 하기 어려운 다면적인 성격을 갖게 됩니다. 앞서 설명했듯이 한국어의 경우 메시지를 알아듣는 책임은 대체로 청자 쪽에 전가되어 있습니다. 그래서 메시지를 알아듣는 여부는 말을 듣는 사람에게 달려 있죠.

이러한 특성은 '완곡어법mitigated speech'에서 자주 나타납니다. 다음의 대화를 한번 살펴볼까요?

과장: 날씨도 으스스하고 출출하네.
    (한잔 사는 게 어떤가?)
부하 직원: 한잔 하시겠어요?
    (한잔 대접하겠습니다.)
과장: 괜찮아. 좀 참지 뭐.

（한 번 더 요청한다면 응할 의향이 있네.）

부하 직원 : 배고프실 텐데, 가시죠?

（제가 한잔 대접하겠습니다.）

과장 : 그럼 나갈까?

（요청을 받아들이도록 하지.）

이 대화에서 과장의 말을 부하 직원이 알아듣지 못했다면 대화는 계속 이어지기 어려웠을 겁니다. 즉 대화의 지속 여부가 청자의 이해에 달리게 되는 것이죠.

한국어로 이루어진 이 대화에 재미在美 언어학자 손호민 교수와 미국의 저술가 말콤 글래드웰Malcolm Gladwell은 문면에 나타나지 않는 진정한 의미 값에 주목하고 있습니다. 즉 괄호 안 내용에서 알 수 있듯이 위 대화문 각각의 진정한 속뜻이 따로 있다는 것입니다.

위와 같은 대화문은 넓은 의미에서 완곡어법이라는 테두리 안에 넣을 수 있습니다. 완곡어법은 긍정적인 측면에서 전달 내용을 부드럽게 조정하거나 속뜻을 감춘 일종의 위장 표현으로, 상대편의 감정을 상하지 않게 할 수 있는 것이죠.

언어라는 세계

그런데 이러한 완곡어법이 드러내는 진정한 의미 값은 어느 특정 지역이나 상황에서만 작동하는, 매우 제한적이고 국소적인 성격을 가지기 쉽습니다. 이러한 의미 값에 익숙한 화자가, 무심하거나 중립적인 인공지능과 대화를 이어나갈 때 인공지능은 이 화자가 사용하는 언어의 특성을 이해하지 못할 가능성이 큽니다. 앞서 농담을 인공지능이 알아듣지 못한 것처럼 말이죠.

한국어에는 체면이나 예의를 위해 이러한 완곡어법이 어느 정도 권장되거나 허용되는 대화 문화를 가졌다고 할 수 있습니다. 그런데 이러한 완곡어법에 의한 문장 하나하나의 의미 값은 절대적인 것이 아닙니다. 어디까지나 상대적이고 맥락 의존적인 것이라서 그야말로 앞에서 언급했던 '말의 틀'에 더 기댈 수밖에 없습니다. 농담을 이해하지 못하는 인공지능의 사례에서 '말의 맥락'과 '틀'이 의미 값을 얼마나 다르게 하는지 살펴본 바 있습니다.

더욱이 앞서 살펴본 위계(상하) 관계를 드러내는 대화문은 1970~1990년대 초반까지 만연했던 권위주의적 한국 사회를 반영하는 듯 합니다. 즉 이 대화문은 상하 수직적 관계보다는 민주적이고 개방적인 관계를 지향하는 지금의 한국어 대화 문화의 '전형'으로서는 받아들여지지 않을 가능성이 있습니다. 젊은 세대에게는 그럴 가능성이 더욱 클 테고요.

그런데 이러한 완곡어법은 서구 사회에 비해 유교 문화권의 화자들이 상대적으로 수용하기 좀 더 쉬울 수 있습니다. 특히 《논어》에 드러나는 공자의 완곡어법 사례 등은 전형성의 정도나 공간적·지역적 차이가 그저 이론 수준에서만 그칠 문제가 아니라는 점을 시사합니다.

공자와 안회의 일화 속에서 이 문제를 들여다볼 수도 있을 것 같습니다. 잘 알려져 있다시피 공자에게는 안회라는 애제자가 있었습니다. 공자에겐 안회를 비롯해 따르는 제자들이 많았고, 항상 그들과 함께 전국을 누볐습니다. 어느 날, 공자와 제자들이 채나라로 가던 도중 음식이 모두 바닥나서 채소로만 끼니를 때우느라 모두가 매우 허기진 상태였습니다. 그러다가 어느 마을에 이르렀을 때 똑똑한 제자인 안회가 쌀을 구해 와 밥을 지었습니다. 모두가 허기진 상태라 공자도 제자들도 식사 시간을 학수고대하고 있었죠. 구수한 밥 냄새가 나기 시작하자 공자가 밖으로 나와 보니 놀랍게도 안회가 밥솥의 밥을 한 주먹 입에

얼어라는 세계

집어넣고 있는 게 아니겠습니까?

공자는 평소 안회가 항상 스승이 먼저 먹기 전에는 음식에 손도 대지 않는 모습을 봐왔기에 한편으로는 의아했고, 다른 한편으로는 살짝 노여움도 들었던 모양입니다. 공자는 안회를 뉘우치게 할 목적으로 먼저 말을 시작하는데, 오히려 공자 스스로가 뉘우치는 상황이 벌어집니다.

공자: 안회야, 내가 방금 꿈속에서 선친을 뵈었는데 밥이 되거든 먼저 조상에게 제사를 지내라고 하더구나.

안회: 스승님! 이 밥으로는 제사를 지낼 수 없습니다. 사실 제가 뚜껑을 여는 순간 천장에서 흙덩이가 떨어졌거든요. 스승님께 드리자니 더럽고 버리자니 아까워서 제가 그 부분을 이미 먹었습니다.

어떻습니까? 공자가 이 대화 후 왜 탄식을 했는지 충분히 이해가 되는 상황입니다. 공자는 안회와의 대화 후 다음과 같이 제자들에게 말합니다.

예전에 나는 나의 눈을 믿었다. 그러나 나의 눈도 완전히 믿을 것이 못 되는구나. 예전에 나는 나의 머리를 믿었다. 그러나 나의 머리도 역시 완전히 믿을 것이 못 되는구나!

너희들은 알아두어라. 한 사람을 이해한다는 것은 진정으로 어려운 일이라는 것을 말이다.

공자와 안회의 이 일화는 보고 듣는 것이 진실의 실체가 아닐 수 있음을 일깨워주는 사건으로 자주 인용되고 있습니다. 그런데 이 일화는 진실에 대한 교훈의 관점에서도 흥미롭지만 의사소통의 양상이라는 관점에서 살펴보아도 시사하는 바가 큽니다.

공자는 결코 밥을 먼저 먹어서는 안 된다고 안회를 직접 꾸중하거나 비난하지 않습니다. 자신의 꿈을 빗대 우회적으로 안회를 깨우치게 하려고 합니다. 사실 안회가 공자의 말의 참뜻, 즉 '밥을 먼저 먹는 것은 옳지 않다'는 의미를 제대로 알아듣지 못했다면 이 대화는 후대에 이르는 가르침으로 이어지지 않았을 것입니다. 꿈속 조상을 거론한 공자의 완곡어법의 속뜻을 안회가 알아챘다는 점이 이 대화의 핵심이죠.

다시 인공지능과의 대화 문제로 돌아가보죠. 공자와 안회의 대화든 과장과 부하 직원의 대화든 저마다 대화의 의미는 시대적·공간적 맥락을 고려할 때 상당히 가변적인 측면을 띨 수밖에 없다는 것을 알게 됩니다. 그렇다면 이렇게 문화 의존적인 대화의 의미를 과연 인공지능이 계산 값으로 환원할 수 있느냐 하는 질문을 던질 수 있을 것입니다.

언어의 맥락이 의사소통에 지대한 영향을 미치는 문화권에 속하는 언어를 보통 '고(高)맥락 문화권'으로 분류합니다. 말 그대로 맥락에 미치는 정도가 높은 문화권이라고 이해하면 되겠습니다. 한국어를 비롯한 동양권 언어의 대다수가 의사소통과 관련하여 고맥락 문화권에 속하는 언어로 분류됩니다.

설사 인공지능이 과장과 부하 직원, 공자와 안회의 대화문의 속뜻을 고려하여 계산 값으로 환원할 수 있다 하더라도(현재의 기술 수준으로는 가능성이 지극히 의문스럽지만) 대화문이 가지는 역사성의 문제, 즉 고맥락 문화권에 속하는 한국어 대화 특유의 완곡어법을 적절한 수준에서 반영하여 계산 값으로 나타낼 수 있느냐 하는 문제 앞에 가로놓이게 됩니다.

인공지능이 활용하는 데이터는 기본적으로 축적적 cumulative이며 역사적인 성격을 띱니다. 현재 인공지능이 활용 가능한 데이터에, 지난 시대의 대화문과 대화 문화를 반영한 자료의 비중을 높인다면 분명 결과 값에 영향을 미칠 수도 있을 것입니다. 이는 한국어와 같은 언어에서 완곡어법의 문제는 본질적으로 특정 맥락에서 한국어 발화자의 발화 의도와 의미를 인공지능이 계산할 수 있느냐 하는 문제와 더불어, 언어 데이터의 역사적 성격을 인공지능이 제대로 보정하여 사용할 수 있느냐 하는 점 등이 쉽게 해결할 수 있는 문제는 아니라는 것을 분명하게 보여줍니다.

당장은 이러한 문제 해결이 어려운 것이 사실입니다. 그렇지만 앞으로 과장의 말이나 공자의 말을 궁극적으로 이해하는 인공지능이 탄생할 수 있을지도 모르겠습니다. 이렇게 인공지능과 소통했을 때 일어날 수 있는 문제, 차별과 불공정 이슈 등은 인공지능과 인간의 관계 맺음에 대해 보다 더 깊은 성찰과 경계심을 요구한다고 생각합니다.

앞으로 계속 인공지능이 발전한다면, 인공지능이 농담을 이해할 수 있는 수준까지 더욱더 진화한다면 우리가 알고 있는 한국어의 틀은 더 이상 유효하지 않을 수도 있습니다. 우리가 상상하는 그 이상으로 말이죠.

문을 닫으며

우리가 모르는, 아니 모른다기보다는 무감해진 한국어의 면면이 생각보다 많은 것 같습니다. 낯선 말이든 덜 낯선 말이든 말이죠.

이 책에서는 프리즘이 빛깔을 분리해내듯 우리가 사용하는 한국어의 면면을 조금이나마 들추어내고자 하였습니다. 소환되지 않아 드러나지 않았던 우리 자신의 모습을 언어를 통해 드러내보고 싶었다고 할까요?

비록 모든 면을 밝혀내지는 못하더라도, 태양빛이 프리즘을 만나는 순간 셀 수 없이 다양한 빛깔을 띠듯이, 한 겹 한 겹 들추어낼 때마다 한국어의 또 다른 모습이 나타

얽어가는 세계

나지 않을까 생각했습니다.

현 시대를 규정하는 말들이 요즘처럼 다양한 시대도 없었던 것 같습니다. 지금을 어떤 이는 '다문화 시대'라고도 하고, 또 다른 이는 '인공지능 시대'라고도 합니다. 한국어는 몸짓 하나로 타 언어와 다른 메시지를 세상에 드러낼 수 있으며, 한국어의 감추어진 모습은 다양한 의사소통 방법의 성패까지 좌우할 수 있게 된 것 같습니다.

그런데 현재가 어떤 시대로 규정되든 우리의 말은 시대의 결을 따라 색색으로 짜여 매듭을 만들고 그대로의 우리를 드러냅니다. 우리가 알고 있는 부분과 더불어 우리가 잘 모르는 한국어의 빛깔, 어제와 오늘을 엮어온 그 모습이 어쩌면 우리를 가장 잘 설명할 수 있겠다는 생각입니다.

이 책에서는 그리 가볍지 않은 '말'의 내용에 관해 다루고 있지만, 친근한 사례를 중심으로 기술하여 말에 관심이 있는 사람이라면 누구나 읽을 수 있도록 쉬운 글의 어투와 질감을 유지하고자 하였습니다. 이러한 노력에도 불구하고 책의 내용에 잘못이 있다면 그것은 오롯이 저자인 저의 책임일 것입니다.

그동안 필자에게 가르침을 베풀어주신 여러 선생님들과 강의실에서 항상 귀 기울여준 학생들의 끝없는 질문이 있었기에 이 책이 가능했던 것 같습니다. 늘 든든한 버팀목이 되어준 가족의 지원 역시 빼놓을 수 없을 테고요.

개인적으로는 역사언어학을 공부하는가 했더니 한국어 교육을 하고, 한국어 교육을 하는가 했더니 어느덧 이주민 언어를 연구하는, 어찌 보면 천방지축 이것도 저것도 아닌 헛발질만 해댄 것은 아닌지 뒤돌아보게 됩니다. 책을 쓰는 동안 절절히 느낀 부족한 식견이 저 스스로 항상 무언가의 언저리에만 머물러 있었던 탓은 아닌지 참 많이 성찰하게 되었습니다. 책을 마친 지금에야 그 성찰의 시작점에 제대로 들어섰다는 느낌입니다.

마지막으로 구석구석 책을 짜임새 있게 매만져준 곰출판 편집자와 디자이너분께 심심한 감사의 말씀을 드립니다. 이 책의 출판을 정말 오랜 시간 기다려준 한국연구재단 관계자분들께도 고마운 마음을 전합니다.

참고문헌

* 여기에 실린 참고문헌은 저자의 논문과 책입니다. 《언어라는 세계》 출간 이후 일부 독자들의 요청이 있어 2쇄를 찍으면서 책 내용과 직접 관련이 있는 경우에 한 해 그동안 발표한 저자의 글 몇 가지를 소개합니다.

석주연, 다문화 시대의 한국어 의사소통과 인공지능, 〈인문학연구〉, 2020.

____, 19세기 서양인 선교사와 한국어 교수법 : 韓國學彙報 『Korean Repository』의 구앵(Gouin) 직접교수법을 중심으로, 〈어문연구〉, 2019.

____, 한국학휘보 『Korean Repository』의 한국어와 한국어 학습 관련 기사 연구, 〈언어학〉, 2019.

____, 광주 월곡마을 고려인의 언어 사용 실태 조사를 위한 기초적 연구, 〈한국언어문학〉, 2018.

____, 인공지능 시대 교사의 역할: 국어교사의 직무 사례를 중심으로, 〈인문학연구〉, 2018.

____, 고려인의 코드 전환과 의사소통 전략 연구: 광주 월곡마을 거주 고려인의 경우, 〈화법연구〉, 2017.

____, 구한말 영국인 외교관 애스턴의 한국어와 한글에 대한 인식: 한국어 관련 논문과 한국어 학습 일지를 중심으로, 〈국어교육연구〉, 2017.

____, 중세 국어 관형사형의 '-오-'와 古代 漢語 '所'와의 상관성 연구: 유형론적 상관성을 중심으로, 〈국어사연구〉, 2015.

____, 다문화 교육 현장에서의 비언어적 신체 한국어의 습득 양상 연구: 결혼 이민자 여성의 경우를 중심으로, 〈한국언어문화학〉, 2012.

____, 조선시대 의학서 언해류에 나타난 분류사의 종류와 기능, 〈우리말글〉, 2011.

____, 해례본 『훈민정음』에 대한 또 다른 시각: 정보 수용자의 관점을 중심으로, 〈인문학연구〉, 2011.

____, 조선시대 한글 문헌의 간행 경위와 배포 양상 연구:'소통'의 관점을 중심으로, 〈한민족어문학〉, 2010.

____, 한국어 문자 언어문화의 제도화와 훈민정음: 문자 '훈민정음'의 창제와 해례본 『훈민정음』의 간행을 중심으로, 〈한국언어문화학〉, 2010.

____, 한국어 언어문화 교육의 자리매김을 위한 일고찰, 〈어문연구〉, 2008.

____, 《노걸대와 박통사의 언어》, 태학사, 2003.

____, 서술의 시점과 국어문법 현상의 이해, 〈국어학〉, 2004.

____, 영국에서의 국제영어교사 양성 제도의 실태 및 한국어 교육에의 시사점, 〈국어교육연구〉, 2002.